縄文の断片《かけら》から見えてくる

修復家と人類学者が探る修復の迷宮

古谷嘉章
Furuya Yoshiaki

石原道知
Ishihara Michitomo

堀江武史
Horie Takeshi

古小烏舎

〈カバー表、裏、背・大扉〉
飛ノ台史跡公園博物館所蔵の海老ケ作貝塚出土の土器片
（石原道知撮影）
〈表紙〉
飛ノ台史跡公園博物館所蔵・展示、触れる土器片
（古谷嘉章撮影）

縄文の断片《かけら》から見えてくる◉目次

序　章　修復の世界への招待……古谷嘉章　9
発掘現場の出土品から展覧会の展示品へ　9／出土したときの国宝土偶　11／出土品への修復という介入　15／考古遺物の修復と美術品の修復　18／修復における自由裁量の幅　21／出土品、修復家、監修者　22／結果を形にしなければならない修復という仕事　24／修復とはそもそも何なのか　25
第一章　考古遺物の修復の現場から……石原道知　29
1　文化財の保存修復とは何か
文化財修復の現場で触れて感じて考える　29／考古遺物の修復という仕事　30／文化財保存修復の理念――四つの原則　33／文化財修復技術者の規定　40／修理と修復、復元と復原　45／考古資料の素材の多様さと保存処理――金属遺物を例に　47
2　縄文土器の修復

土器修復の基本方針とその工程　53／復元部分の取り扱い　56／縄文土器を見る現代人の眼　58／意図的な破壊による欠損　61／破片の行方　64／欠損部分の復元——文様は繰り返すとはかぎらない　66／縄文人は文様で遊ぶ？　69／文様の図と地　73

3　考古遺物の複製そしてレプリカ

見取りと型取り　76／現状記録資料としての複製　78／デジタル技術によるレプリカ作成　80／レプリカで構成する展示——複製とは何か、本物とは何か　81／本物かレプリカか——博物館の役割と視覚偏重　83／触《さわ》れる複製の可能性　84／「クローン文化財」という新技術　87／「本物のレプリカ」　88／縄文人の心に触れる楽しみ——あえて不完全を残す？　90

第二章　修復からみた縄文土器の「わからなさ」……………堀江武史　99

1　縄文とともに現代を生きる

「わからなさ」の魅力　99

2　修復における厄介な問題

修復を行うのは誰か　102／共繕い　103／縄文土器修復の概要　106／修復する度にかたちが変わる　108／簡単ではない縄文土器の修復　109／なぜ破片が「消える」のか　111

3　「向こう合わせ」の造形

縄文土器に触れて感じる「わからなさ」　113／写実性のない縄文時代　118／「向こう合わせ」による非写実性の生成　119／規範とは何か　124／縄文土器に見る規範　126／「現代人の発想」の危うさ　128／写すのではなく、この世にないものをつくる　131／触覚を優先する造形思考　135／素材の先導力　137／私たちにもできる「向こう合わせ」の造形　139

4　現れてくるものを受け入れる

「つくること」からかたちが生まれる　142／非写実性から現れてくるもの　145／「ないもの」が現れてくる　149／現れてくるものを待つ　151

5　縄文土器修復の目指すところ

修復に代わる推定模造　154／土器修復の理想像　158

第三章　遺物の修復について人類学者が考える

——断片・経年変化・複製・展示……………古谷嘉章　167

1　修復とは何のために何をすることなのか

遺物の生涯の一コマとしての修復　167／本章で考察すること　171

2　断片より完形を偏重すること

さまざまな断片化　174／断片と欠損には意味がある　181／完形に復することが修復の目的か——芸術品修復との比較　187

3　経年変化とアンチエイジング

実物も修復品も年をとる　192／修復における「可逆性」の問題　196

4　実物をとりまく複数の複製

複製とは何か　198／修復の役割、複製の役割　202／さまざまな複製　206／マテリアルな複製、デジタルな複製　210

5　保存だけでなく展示のために

保存のための修復、展示のための修復　219／触《さわ》れない本物、触《さわ》れるレプリカ　222

6　修復は単品では完結しない

独立したオブジェの幻想　226／修復におけるモノのネットワークと未完の修復　227

あとがき　237

序章　修復の世界への招待

古谷嘉章

発掘現場の出土品から展覧会の展示品へ

二〇一八年夏、東京国立博物館で開催された『縄文――1万年の美の鼓動』展には三十五万人を超える観客が訪れ、土器や土偶など数々の縄文時代の品々に出会うことができた。そこで展示されていたのは、数多ある縄文遺物のなかでも「優品」とみなされるようなものばかりだったが、なかでも、ひときわ目を引いたであろうと思われるのが五体の国宝土偶、茅野市(長野県)の《縄文のビーナス》と《仮面の女神》、舟形町（山形県）の《縄文の女神》、函館市（北海道）の《中空土偶》、八戸市（青森県）の《合掌土偶》である。この五つの土偶が一堂に会する機会は以前にもあった。二〇〇九年に大英博物館で催された『土偶の力』(The Power of Dogu)展と、その帰朝公演とも言える東京国立博物館での『国宝土偶展』がそれである。しかし、そのときには二点がまだ重要文化財だったので、国宝土偶としての揃い踏みは『縄文』展が初めてだった。普段はそれぞれの地方の博物館で、特別コーナーの主役としてスポットライトを浴びている逸品を一望に収めて、観客は、約二万点出土している縄文時代の土偶のなかの選りすぐりの国宝土偶の完成された美に目を見張り、息を呑んだことだろう。

ここで、その感動に水を差すことになるかもしれない問いを提起したい。あそこに並んでいた国宝土偶の出土したときの姿がどのようなものだったか御存知だろうか。それらは今でこそ、傷ひとつない完璧な姿に見えるが、必ずしも完形で出土したわけではない。縄文遺物というモノは、土に埋まっている先史遺物の通例に違わず、断片化した状態で出土するのがむしろ常のことで、一部が欠損しているのも普通である。バラバラになっているのは、土に埋もれる前あるいは後に、さまざまな力が加わったからであるが、意図的に壊されて埋められたと考えられるものも珍しくない。元の形を留めていない数百の土偶の断片が出土した山梨県の釈迦堂遺跡の事例などもそれである。特に土偶にかんしては、最初から断片化することを想定して製作したという説もある。要するに、意図的であれ偶然の結果であれ、縄文時代のモノは、たいてい完形ではなく断片化した状態で遺跡から出土するのである。では、東京国立博物館の『縄文』展で観客の熱い視線を浴びていた国宝土偶は、どのような状態で出土したのだろうか。ひとつひとつ見てみることにしよう。

出土したときの国宝土偶

縄文時代の遺物として初の国宝になった《縄文のビーナス》は、一九八六年に茅野市の棚畑遺跡の環状集落の中央広場と推定される場所で、土坑にほぼ横臥した状態で出土した。高さ二七㎝の大型の土偶でありながら、右脚表面の一部が剥離していたとはいえ、ほぼ完形で出土したのである。[1] これは、圧倒的多数の土偶がバラバラになって、あるいはバラバラにされて出土するなかにあって特筆すべきことだった。明確な意図をもって丁寧に埋納されたと考えられるのだが、その理由については、「将来、集団の祭祀を司祭すべき幼女の早逝で、埋葬に際して埋納した」あるいは「洗骨、再葬された骨を納めた後、土を一部入れて、そこに土偶を乗せた状態で副葬し

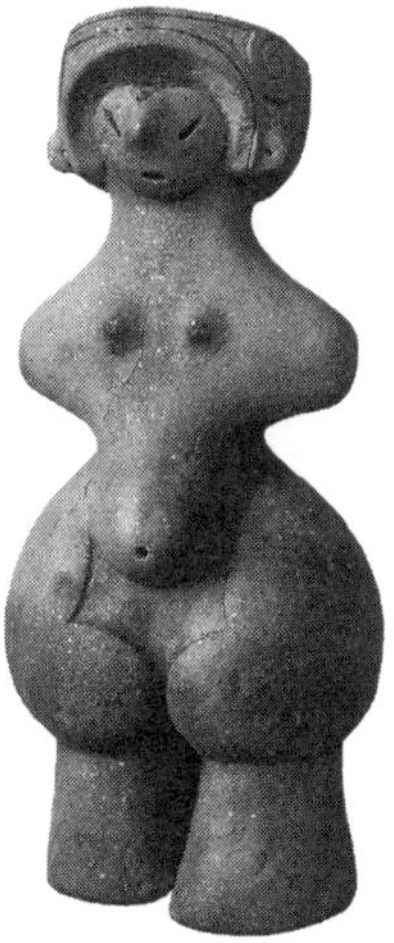

国宝「土偶」縄文のビーナス
（長野県茅野市所蔵）

国宝「土偶」仮面の女神
（長野県茅野市所蔵）

た」等、さまざまな推測がなされている。[2]

同じ茅野市の中ッ原遺跡で二〇〇〇年に出土した《仮面の女神》は、さらに大きく高さ三四㎝で、土坑墓に横たえられて出土した。膨らんだ円筒形の脚部のうち、右脚は胴体とは少し離れて埋まっていたが、「一八〇度近くも回転させたところで接合することから、墓穴に入れる前に破損していた」と推定されており、しかも右脚と胴体の内部に残留していた脚の付け根部分の破片は、自然に混入したのではなく、わざと胴体内部に入れたものと考えられている。[3] つまり意図的に解体して、しかるべき様式で埋められていたとみられるのである。

今までに確認されている縄文土偶の最大のもので、高さが四五㎝ある《縄文の女神》は、一九九二年に山形県舟形町の西ノ前遺跡から発掘されたが、その出土状況は、上記の二体とは随分違っていた。集落を横断する深さ二ｍ程の「沢状の落込み遺構」に多数の土偶の破片が埋まっている中に混じって、「半径三ｍ程度の範囲で、頭部、胸部、腰部、脚部の五片に分かれて」発見されたのである。[4] つまり、土坑に丁寧に埋納されたのではなく、理由は不明だが、破壊されたのちに廃棄されたと考えられる。同じ遺跡からは、四七点の「土偶残欠」つまり土偶の破片が出土し、それらも「国宝附《つけたり》」として国宝指定されたのだが、そのなかには互いに繋ぎ合わせるこ

国宝「土偶」縄文の女神
（山形県立博物館所蔵）

とができるものは無かった。それぞれまったく別々の土偶の破片だったのである。

以上の三点の土偶は、考古学的な発掘調査のなかで出土したものだが、二〇二三年に白滝遺跡群出土の旧石器等が国宝に指定されるまでは北海道唯一の国宝だった《中空土偶》（愛称：茅空《カックウ》）が（当時は函館市外だった）南茅部町で出土した状況は、そうではなかった。一九七五年に地元住民である小板アエさんがジャガイモ畑で農作業中に偶然に発見して、後日に改めて教育委員会による発掘が行われて著保内野遺跡と命名され、二〇〇六年の再調査によって「土偶出土地点の北側に直径六ｍの環状配石遺構と、土坑墓群と思われる遺構」が確認されたことによって、《中空土偶》も「葬送儀礼の一環として死者に添えられたことが明らかに」なった[5]。この土偶の出土状態が、前述の三点とさらに違っているのは、まず頭部だけが掘り出されて自宅に持ち帰られ、後になって六個ほどに割れた残りの部分が出土したのだが、最終的に両腕と頭部の飾り部分が欠損したままだという点である。つまり《縄文の女神》や《仮面の女神》の場合のようにジグソーパズルのピースが揃っていたわけではなく、しかもＣＴでスキャンした結果、「都合の良い部位で壊れるように作っていた[6]」と推定されている。となれば欠損部分は予め分割されて、埋められた時すでにそこにはなかった可能性もある。さらに特記すべきこととして、「脚部の縄文、腹と顎の部分には

国宝「土偶」中空土偶
（函館市教育委員会提供）

国宝　合掌土偶（風張1遺跡、八戸市埋蔵文化財センター是川縄文館所蔵）

黒色、両脚の内側には赤色の顔料が塗られて」いた。[7]

さて最後のひとつは、一九九七年に八戸市の風張1遺跡から発掘された《合掌土偶》であるが、「竪穴住居の出入り口と反対側の壁際から、左足部分が欠けた状態でみつかり」、その左足は「同じ住居の二・五m離れた西側の床面から出土」した。土偶がこのように竪穴住居から出土することが「貴重な事例」であることに加えて、注目すべき点は、「両足の付け根と膝、腕の部分が割れており、〔断面に〕アスファルトが認められる」ことで、「当時の人びとが〔アスファルトを接着剤として〕修復して大事に使っていた」ようだと解説書は記している。[8] さらにもうひとつ興味深い点として、《中空土偶》と同様に、「頭部などに赤く塗られた痕跡があり、全身が赤く彩色されていた」可能性もある。[9]

ここまで見てきたように、東京国立博物館の『縄文』展で〝縄文スーパースター〟として展示されていた五体の国宝土偶が出土した状況は、実にさまざまであった。《縄文のビーナス》と《仮面の女神》は、墓穴とみられる土坑に丁寧に埋納されたとみられる点は共通するが、前者がほぼ何の手も加えずに完形のまま置かれていたのに対して、後者は右脚を意図的に外した上で埋納するという作為を伴っていたようだ。《縄文の女神》は、割れ方から見て慎重に五つに割って廃棄されたとみられるが、近くに埋まっていたので接合して復元することが可能だった。《中空土偶》は割れてバラバラで出土しただけでなく、些細とは言えない欠損部分があり、《合掌土偶》の場合は、左脚とそれ以外が竪穴住居内で別々に出土したこともさることながら、最も興味深い点は、アスファルトによる修理の跡が残っていることである。自然に割れたものを繋ぎ合わせたのか、意図的に割ったものを再び接合したのか、それは不明である。そして《中空土偶》と《合掌土偶》には、彩色の痕跡が認められた。

出土品への修復という介入

国宝となっている土偶を取り上げただけでも、出土状態にはこれだけの多様性がある。しかも完形や、パーツが揃っているという意味でほぼ完形で出土した五つの国宝土偶と違って、縄文時代の普通の出土品の場合は、もっとバラバラで出土し、欠損部分も多い。つまり最終的に博物館で展示されている状態とはずいぶん違った姿で出土するのがふつうなのであるが、展覧会を訪れる観客の多くは、展示されているのとまったく同じ状態で土の中から姿を現したと思い込んでいる可能性が高い。発掘に携わったことのない人にとって、それは無理からぬことである。しかし実際には、展示品とは、出土品が大きく〝変身〟した結果なのである。

もちろん自然に変身したわけではない。そこには人間の営みが介在している。一般に「修復」と呼ばれるその営みは、展覧会の観客にとっては、ふつう見ることもない舞台裏の作業である。そもそも「修復家」とよばれる修復の専門家が存在することすら知らない人は多いだろう。博物館で展示品に添えられているキャプションにも、複製品の場合はその旨が明記されているが、出土した部分と修復によって補った部分の割合つまり遺存率を始めとして、修復についての情報はふつう記載されていない。そもそも修復が施された品であるという事実すら明記されていないのが通例だが、その理由はおそらく「それが本物であることは間違いないのだから、あえて書くまでもない」ということなのだろう。修復の事実を隠しているはずはないが、それが観客にとって不可欠の情報とは考えられていないようなのである。その結果、オリジナルの部分はごく少数の破片だけで、残りの部分は修復に際して補填されたモノなのに、まるで完形の土器のような顔をして鎮座している展示品が少なくない。そこで、誤解されたままでよいのかという疑問も湧いてくる。

かりに修復が行われた結果であることを知らされても、修復に関して素人の観客が、すべてのピースが揃ったジグソーパズルを組み立てるような単純作業にすぎないと思う可能性はおおいにある。発掘の過程で割れてしまったものを接合するだけのような単純な修復も無いわけではない。長い年月の間に土圧など自然の力によって損壊したような場合も、それを接合して元通りに復元したとしても異論は出ないだろう。修復する人の技量によって仕上がりに差が出ることはあったとしても、出来上がりの形が大きく違ったものになることもない。しかし実際には、そのような単純な修復ばかりではない。それどころか、どのように修復すべきか容易に結論の出ないことは珍しくない。要するに、実際に行われる修復は、まったく何もしないという選択肢も含めて、さまざまな修復の可能性のなかから、ある解釈に従って、ある判断にもとづいて選び取られたものであり、そうであるからには、修復とは現状に対する〝介入〟とよばれるべき作為ということになる。それは、発掘が現状の破壊であるのに比べれば侵襲の度合いは小さいとはいえ、現状を（ときには不可逆的に）改変する介入であることに違いはない。その点に十分な注意を払いつつ、最終的には完形の（ないしはそれに近い）モノとして復元されている五つの国宝土偶の修復にズームインしてみよう。

《縄文の女神》の場合は、接合すべきパーツが揃っていたので修復は容易であるように見える。しかし、五つの断片を接合すれば一件落着と言い切って済むのかどうか。明らかに人為的に分割してから「廃棄」しているという事実をどのように尊重して修復すべきなのか。《仮面の女神》となると、埋納のしかたがいっそう作為的である。それにもかかわらず、右脚を胴体と接合して、完形で出土したかのように復元してしまったとしたら、縄文人が最後に目にして「これでよし」と判断した状態とは別の姿に復元することになるのである。どちらの例にしても、意図的に破壊されていたという事実を含めて修復するにはどうしたらよいのか。実は《仮面の女神》の場合、「脚部がとれた状態と完形に復元した状態のレプリカ」[10]が作成されており、これはこれで、ひとつの現実的な解答であろう。

さらに厄介なのは、《中空土偶》のように欠損部分がある場合である。欠けている頭部の飾りや両腕を推測して新たに製作して、それで補填して、すべてが揃った「作りたて」の状態にしてしまったとしたら、それは修復作業として越権行為でないと言い切ることは難しいだろう。万が一、元々の飾りや両腕とは違うかたちで「復元」してしまったとしたら、それは修復どころか改竄になってしまう。こうした場合に、推定復元した複製をつくるという便法は可能だが、完形のモノのもつイメージは、それが仮説にもとづく推定による複製であっても、観る者に強い印象を残してしまうおそれがある。議論の余地のある状況で欠損部分を補って複製を作ることは、答えを提供する以上に問題を複雑にすることになりかねない。

考古遺物の修復と美術品の修復

ここで欠損部分の補填という論点に絡めて、一八八七年に現在のつがる市の亀ヶ岡石器時代遺跡から出土した(「しゃこちゃん」という愛称をもつ)遮光器土偶にも御登壇願うことにする。遮光器土偶とは、本来は特定の土偶を指す固有名詞ではなく、縄文晩期の「亀ヶ岡文化」を特徴づける土偶の一様式であり、両眼を表したとみられる部分の表現が、イヌイットなど極北の狩猟採集民が雪原で強烈な反射光から目を護るために使用していた「遮光器」(スノーゴーグル)に似ていると明治時代の人類学者である坪井正五郎らが考えたことに由来する名称である。つまり「沈線によって眼を表現(楕円形の区画と中央に一本線を引く)する」[11]特徴をもつ土偶の総称である。遮光器土偶は各地で多数出土しているのだが、特定の遮光器土偶つまり《しゃこちゃん》が、左脚を欠いているという目を引く特徴もあり、首都の東京国立博物館で展示されていて、教科書や事典などにも載っているという理由もあって、抜群の知名度を誇っている。おそらく《縄文のビーナス》が国宝になるまで長きにわたって日本で最も有名な土偶だっただろう。しかしこの土偶は、大方の予想に反して、重要文化財ではあるが、国宝ではない。その理由については正確なところはわからないが、実は、明治時代半ばの「一八八七年に南部の低湿地、沢根地区で農作業中に発見」[12]（傍点引用者）という通説とは別の説もあり、そもそも発見の経緯がはっきりしないことが国宝としての認定を妨げてきた理由の一つであろう。

発見の経緯以上に、むしろここで注目したいのは、欠損した左脚である。《しゃこちゃん》の脚は、なぜ復元されていないのだろうか。仮に修復の目的が、そのモノが完成した瞬間の姿を復元することならば、想像力を駆使して完形に戻されているだろう。しかも右脚は残存しているのだから、左脚を新しく作って補うのは技術的にそれほど難しくないはずだ。しかし左脚は復元されていない。熟慮の上で「創作めいた復元」は控えるという判断が誰かによってなされたのかもしれないし、あるいは、あの姿が広く知られてしまって復元のチャンスを失ってしまったのかもしれない。

重要文化財「土偶」遮光器土偶（東京国立博物館所蔵、出典：ColBase）

この文脈で、世界的に有名な、かの《ミロのビーナス》のことが頭に浮かぶ。あの大理石の彫像の場合、一八二〇年にギリシャのミロ（メロス）島で畑を耕していた農夫が発見したときから（右の上腕部を残して）両腕が欠けていて、後に復元が検討されたのだが、ひとつの案に絞り込むことができなかった。とはいえ、欠損部があることは、ルーブル美術館の目玉の美術品としての《ミロのビーナス》の価値を削ぐことにはなっていないようであるし、もし将来、両腕の復元が再び検討されることになったとしても、おおかたの賛同を得ることは難しいのではないか。そうした点も考慮に入れれば、《しゃこちゃん》の場合も、欠損も含めて、考古学的価値とは別の美的価値が認められるに至っているということなのかもしれない。現に文化庁では考古資料ではなく工芸品としての国宝指定を検討する動きもなかったわけではないという(13)。

ここで図らずも「美的価値」に話が及んでしまったが、一般の方々にとっては、美術品や工芸品の修復のほうが、出土した遺物の修復より、はるかになじみがあるのではないだろうか。虫食いや日焼けや画材の劣化などによる経年変化によって傷んで昔日の面影を失ってしまっている傑作の輝きを蘇らせる修復というイメージである。しかし、もし考古遺物の修復についても美術作品の修復のイメージでとらえてしまうならば、実は厄介な問題を引き起こしかねない。美術品の修復と考古遺物の修復には共通点もあるとはいえ、相違点は意外なほど多い。一方の常識が他方では非常識ということもある。両者の差異は、本書でもさまざまな箇所で話題に上ることになり、それをつうじて、本書の中核をなす、考古遺物なかでも縄文時代の土器や土偶の修復に関する重要な論点が浮かび上がってくるはずである。ここでは予告として、一点だけ記しておきたい。それは、考古遺物が美術品に類するモノとみなされて、その修復において「美的価値」が重視され、しかもそのことを修復に関わる人々が充分に自覚していないという事態がけっして稀ではないことである。つまり修復の名の下に考古遺物を美術品として見栄えの良いものに変身させてしまっている事例は思いのほか多いのである。

修復における自由裁量の幅

ここまでは、出土した縄文遺物の「割れた状態」や「欠損部分」に注目してきた。つぎに、二つの国宝土偶に残された「彩色の痕跡」に光を当ててみよう。使用中にすでに色が薄れていたにせよ、長い年月土中に埋まっていたことによって褪色したにせよ、出土の時点では色が微かに残っていただけかもしれないが、完成時には彩色が施されていた可能性が高いならば、その事実に対して、修復家はどのように対処すべきなのだろうか。もちろん《中空土偶》や《合掌土偶》の場合、漆で赤く塗り直されていたりはしない。オリジナルの部分に彩色しないのはプロの修復家として当然ではある。

しかし縄文遺物の修復において彩色や補色をしないかと言えば、けっしてそんなことはない。博物館で展示されている縄文土器を注意深く見れば、一見完形に見えるが、オリジナルはごく一部だけで、他の部分は補って、出土した部分と区別がつくような、つかないような色合いで塗られているものがいかに多いか気づくだろう。さらに色が塗られているだけでなく造作や文様がそれらしく付け加えられている例も少なくない。つまり残存しているオリジナルの部分については現在の状態を尊重して彩色したりするのは厳禁だが、それ以外の部分、つまり欠損している部分については、彩色を施すことが可能であるだけでなく、文様や、形そのものを「復元」することも禁じられているわけではないのである。

その結果、非常にさまざまな「修復」の可能性が生じてしまうことになる。一方の極には、欠損部分は欠けたままにしておいて何もしないという処置がある。スペクトラムの他方の極にくるのは、想像を最大限に膨らませて欠損部分を新たに製作して文様や彩色をふんだんに施す処置ということになろう。この両極の間でどのような修復を実際に選ぶのか、つまり「何をどこまでやるのか」をめぐっては、自由裁量の幅は思いのほか広い。先史遺物の修復とは、「壊れて出土したモノを接着剤で張り合わせて元に戻す」という言葉では到底とらえきれないような複雑な選択と決断の所産なのである。

出土品、修復家、監修者

修復をするためには、そこに修復を必要としているモノがなければならない。それは当り前のことで、何を今更とお感じになるかもしれないが、「モノが修復を必要としているかどうか」の判定は、それほど簡単ではない。縄文時代の出土品は、何千年ときには一万年を超える年月、地面の下に埋もれていたものである。木製品や布などの場合は、湿地の水や泥に埋もれて空気から遮断されていたというような好条件に恵まれたモノだけが現代の私たちの目にふれることができるが、それでも酸素に触れた途端に急激な劣化が始まるので、それを保存する応急措置が施される。それに対して、土器や土偶などの場合は、それほど脆弱ではない。それでも私たちの生きている俗世間に持ち込むに当たっては、汚れの洗浄や脆弱な部分の補強などをはじめとして、しかるべき手当が必要になる。割れていれば接着剤で接合し、欠損があれば石膏で補填するなどして当座の補修が行われもする。

　しかし、保存のための応急処置にとどまらず、本格的な修復の対象の候補として選び出されるのは、出土品のうちのごくごく一部にすぎない。凡百の出土遺物は、発掘調査報告書用に一応接合されることはあっても、本格的に修復する価値を認定してもらえずに「生涯」を終えるのである。晴れて修復の対象となると、修復すべきそのモノがどのような状態にあるのか、どのような修復を必要としているのかをプロの修復家が詳しく調べることになる。譬えて言えば、患者がどのような状態にあるのかを医者が診察するようなものである。しかし医者の場合と違うのは、患者にあたるモノに対してどのような修復を施すのかを決める権限が、「監修者」とよばれる考古学者、つまり言わばその遺物の後見人の手に委ねられていることである。「監修者」は当然のことながら考古学的見地から、修復作業の「監修」を行うわけであるが、そこでは個人的な「好み」と言ったら語弊があるが、各自のもつ「理想的修復のイメージ」のようなものも影響を及ぼしているようだ。その結果、実際に行われる修復がどのような方向へと進んでいくかは、修復されるモノの状態、それを観察し修復する修復家の判断と技術、そして監修者が望む修復のイメージといったものの間の、綱の引き合いと擦り合わせによって決まっていくことになる。

　どのような修復を施すべきなのかという点に関して、もっとも重要な点は、そこに唯一の正解があるわけではないということである。もちろん誤っているがゆえに良くない修復というものは厳として存在し、それについて修復家と監修者の判断が大きく異なることは普通ないだろう。良い修復というものも厳として存在する。しかし、修復の個々のケースで、どのような方法で、どこまで修復を行うのが良いのかという点、しかも個々の部分について具体的に何をなすべきなのかという点に関しては、完全な一致をみるのは思いのほか難しいようである。そうしたズレが生じてくる原因のなかで、もっとも根本的なものは、私の見るところ、「そもそもいったい何のために修復をするのか」という点に関する前提が、必ずしも充分に共有されていないことではないかと思われる。暗黙知のような漠然とした共通理解はあるのだろう。しかし、修復技術についての理論的体系化はなされていても、「そもそも考古遺物の修復とは何なのか、どのような根拠で、どのようなものであるべきなのか」についての理論的体系化が不充分なのではないかというのが、考古遺物の修復に関しては門外漢にすぎない人類学者の私がもつ印象なのである。しかし同時に、「他文化のモノの収集と展示」という問題系に馴染みのある人類学者の視点から眺めると、「出土した遺物を修復するのは、その先史文化の展示のため」という暗黙の前提が考古学の世界で共有されているようにもみえる。つまりプロの修復家の手になる本格的修復においては、考古学情報を得るための研究資料というより、(図録や書籍に掲載する写真も含めて)展示品とすることが優先されているのではないか。もしかすると、折角だから見栄えを良くして最良の姿を観客に見てもらおう、そうすれば製作した縄文人も喜ぶに違いないという思いやりとでも言えるものが、日本の考古学の「修復文化」に浸み込んでいるのかもしれない。

結果を形にしなければならない修復という仕事

「そもそもいったい何のために修復をするのか」について充分に詰められていない状況で、「どのような修復が施されるべきか」に関して唯一の正解がないにもかかわらず、修復家は、ひとつの解答を提出しなければならない。解説文であれば、「諸説あって甲乙つけがたい」と述べて済ますことも可能かもしれないが、修復家は、見て触ることができる特定のひとつの形をもつモノとして、修復を施した出土品を、展示できる姿で所蔵施設に納入しなければならないのである。

すでに述べたことの繰り返しになるが、修復されるモノの状態、それを観察し修復する修復家の判断と技術、そして監修者が望む修復後のイメージからなる三角形のなかで仕事をする修復家は、一方で修復を依頼された特定のモノとの、主として目と手を使っての濃密な対話を余儀なくされるのだが、その対話の相手は遺存している部分だけでなく、欠損している部分でもある。つまり修復という作業は、「そこに在るもの」だけでなく「そこに無いもの」への鋭敏な感受性を必要とする。そしてそのモノを介して、そのモノの製作者（そして使用者）とも対話をすることになるのである。他方で修復家は、修復を依頼する監修者＝考古学者ひいては博物館そして考古学界の要望に応えなければならないし、修復の進捗に応じて微妙に変化してもゆくこともあるその要望に柔軟に対応していくことを余儀なくされる。そして以上の二種類の相手によって課される条件を調停しつつ、修復を具体化していく、つまり体を具えたモノにしていかなければならないのである。

修復とはそもそも何なのか

世の中で修復の対象とされるモノは多種多様である。私たちが日常生活で触れるモノに関しては、骨董品や美術品などを所蔵でもしていないかぎりは、修復の対象となることは稀だろう。他方、修理・修繕であれば、もっと馴染みがある。こちらは、そのモノの本来の機能を回復することが眼目であり、要は「また使えるようにする」ことである。『古今東西―陶磁器の修理うけおいます』という興味深い本を書いた甲斐美都里さんによれば、金継や漆継を駆使して器を使えるようにする日本と違って、英国では外見を元通りにすることこそが陶磁器の修復とされている。(14) 本書は修復の東西比較をめざしているわけではないので、その点に深入りはしないが、「修復とはそもそも何を目的として何をするものなのか」は、けっして自明ではないことがわかるだろう。そうしたなかで、出土する縄文時代など先史時代のモノ、つまり遺物とよばれる種類のモノを対象とする修復とは「何を目的として何をすることなのか」という問題は、議論の余地のないものではなくて、衆知を集めて考えてみるべき問題なのである。

本書の目的は、まさにその点にある。しかもその問題について、哲学的あるいは美学的に、言い換えれば抽象的にアプローチするのではなくて、修復の具体的な作業の現場から考察を立ち上げていきたいと考えている。当然のことながら、それが可能なのは修復を専門とする修復家以外にいいない。幸い、本書の共著者のうちの二人、つまり石原道知と堀江武史は熟練の修復家である。「地に足が着いた」というか「遺物に手が着いた」専門家ならではの、修復という営みについての考察と問題提起が、本書の前半部分を占める。後半部分では、もう一人の著者である古谷嘉章が、文化人類学的視座から、考古遺物の修復という営みのなかに潜む「断片と完形」、「経年変化」、「復元と複製」「保存と展示」といった多様な問題を取り上げて、修復が炙り出すモノと人間のかかわりについて考察を試みたい。

修復という作業は、まず何よりも、それを可能にする卓越した〝技術〟である。しかし同時にそれは、人間がモノを作り出し、それを使用し、それが古くなったり壊れたりしたら廃棄したり転用したりする、そうした人間とモノの相互作用の本質について考える〝思索〟でもある。前述の《仮面の女神》や《縄文の女神》や《中空土偶》の例でみたように、人間は入念に作り上げた土偶を意図的に破壊して埋めたりする。その一方で、《合掌土偶》のように両足の付け根と膝そして腕の部分をアスファルトで修復したりもする。修復家は、そうした個々のモノに手を触れ、なぜその状態になっているのか、そして修復によって新たにどのような姿を与えるべきなのか考える。

たいていの人にとっては未知の世界である考古遺物の修復の世界について知ってもらうことと、そこに興味深い問いが満ち満ちていることに気づいてもらうこと、私たち著者は読者のみなさんにそれを望んでいる。縄文遺物の修復の世界へようこそ!


〈註〉
(1)『茅野市尖石縄文考古館展示図録』二〇一七
(2)『国宝土偶「縄文ビーナス」の誕生』鵜飼幸雄、新泉社、二〇一〇
(3)『国宝土偶「仮面の女神」の復元』守屋昌文、新泉社、二〇一七
『茅野市尖石縄文考古館展示図録』二〇一七
(4)山形県立博物館総合案内別冊『国宝縄文の女神』二〇一三

（5）『函館市縄文文化交流センター』二〇一五、五八頁
（6）同書、五八頁
（7）『北の縄文道民会議』ウェブサイト https://www.jomon-do.org/chukudogu
（8）『是川縄文館常設展示図録』二〇一二
（9）同書
（10）『国宝土偶「仮面の女神」の復元』、守屋昌文、新泉社、二〇一七
（11）『遮光器土偶と縄文社会』金子昭彦、同成社、二〇〇一
（12）『つがる市合併10周年冊子　つがる市の環境変遷と縄文遺跡』つがる市教育委員会、二〇一五
『史跡亀ヶ岡石器時代遺跡総括報告書』青森県つがる市教育委員会、二〇一九
（13）石原道知さん私信
（14）『古今東西─陶磁器の修理うけおいます』甲斐美都里・金子しずか、中央公論新社、二〇〇二

第一章　考古遺物の修復の現場から

石原道知

1　文化財の保存修復とは何か

文化財修復の現場で触れて感じて考える

埋蔵文化財の保存修復を行う有限会社を経営して約三〇年。東京杉並区の青梅街道沿いのビルの四階に工房がある。ビルの南側は低層の住宅地で、高い建物が無く開放的な空間が広がり、天気が良いと富士山と丹沢山系、大山が一望できる。この場所はなんといっても日当たりが良く、日中自然光がよく入る。この光の中で縄文土器を観察すると、器面の細かな凹凸が手に取るように見え、まるで手触りまで感じられるかのような見え方である。この時、視覚と触覚が繋がっていると感じ、見えるから触って確認し、触れるから見えてくるものがある。この触るように見える作業場が、私の修復の仕事に役立っているのは間違いなく、私の仕事の半分はこの場所が作っているのかもしれないと、最近思うようになってきた。

ところで、文化財の保存修復という仕事を民間企業が行なっているということに驚く人も多く、「縄文土器の修復は、博物館の内部で行われていると思っていた」とよく言われる。実は日本では、多くの文化財は私のような修復技術者が外部委託で仕事を請け負っているケースが多い。

家族経営の小さな民間企業の人間が「考古遺物の修復とは」という大きなテーマについて何かを言うなどとは、あまりにおこがましいことである。とはいえ、修復技術者の立場からの発信の機会はそうそうないことなので、この機に修復生活三〇年で感じたことを記しておきたいと思う。埋蔵文化財関係の書物はこれまで多数刊行されているが、歴史と理論、科学分析の立場からの著書が多く、実際に遺物を触り、手を入れ、修復する作業者の話というのはあまり聞かない。そこで本章では、文化財修復の現場で、実際に文化財を触り、その物に手を入れる介入行為を経験してきたことをもとに書き記していくことにしよう。

考古遺物の修復という仕事

我が国では全国津々浦々に遺跡が存在し、日々発掘が行われて遺物が出土している。現在人が住んでいる水はけが良い台地上でかつ小川や湧水池など水場が近くにある場所は、縄文時代にも人が住みやすい地形だったことが多く、遺跡である場合が多い。つまり、私たちの住んでいる地面の下には遺跡があり、過去の痕跡が残っている。その様な地区は、各市町村の文化財保護係の調査を経て遺跡として登録されていて、土地を住宅や道路や鉄道の建設などの開発事業で地面を掘削する際は発掘調査が必須となり、事業者は事前に発掘の届け出を出す決まりとなっている。この法律は文化財保護法と言い、そこが遺跡に登録されていれば行政は工事に先立って発掘調査をするよう開発業者に指導することになる。

発掘調査の結果、遺物が掘り起こされ保管されることになるのだが、その大量の遺物は箱に収められ、使用されなくなった学校の空き教室などに積み上げられていたりする。映画「インディ・ジョーンズ」の一作目のエンディング、主人公の考古学者ジョーンズが苦労して得たアークは発掘された遺物であるが、広大な倉庫の片隅に保管されるシーンで映画が終わる。発掘の苦労と出土品の価値とその管理方法にギャップが生じている印象的なシーンであり、日本における考古遺物の運命もそれに近いように思える。ただ、発掘が必須であるのに対して、保存修復まで必ずやらなければならないと決められているわけではない。学術的価値が高いと認められた遺物は、国立文化財機構の東京文化財研究所や奈良文化財研究所が対応することになり、それ以外の全国各地から出土する大量の遺物には、私のような民間の業者が対応することになる。

大量に発掘される考古遺物には実にさまざまな素材のものがあり、一番多く出土するのが土器で、他に金属、木製品、石、骨、布などがある。修復にあたっては多様な素材のそれぞれに適した処置が必要となる。本来は各素材別に専門家がいて、各個に処理するのが理想だろうが、実際にはその多様な遺物に対して文化財保存修復の専門技術者は足りていないように感じる。その要因としては、遺物の量が多すぎるのと、保存修復家の育成が間に合っていないことが挙げられる。

金属素材の保存修復等の場合は理化学的な知識が必要なため、自然科学系の研究者に協力を要請することもある。私は修復の他に複製の製作も行うが、それには写実的に模写・模刻する美術の知識や技術も必要となる。つまり、文化財の保存修復にあたっては、自然科学系と人文科学系（美術も含む）といった領域を横断する学際的な知識が必要になる。

本章ではまず、文化財の保存修復の理念について、美術品の保存修復に関する海外の理論を参照しながら考えてみる。次に、多様な素材の考古遺物の中でも、金属製の遺物の保存処理について、保存科学の論文を参考に金属の保存処理をしてきた私自身の経験をもとに簡単に紹介する。これは本書のテーマである「縄文遺物の修復」、つまり土を素材とする遺物との比較のためである。続いて縄文土器の保存修復について、これまでに修復した土器を紹介しながら修復の実際と問題点を述べる。そこではまず欠損部分の取り扱いに注目したい。日本では欠損部分の修復について、現状では統一的な仕上げ方が定められていないので、基本的に各自治体の文化財保護係（つまり修復の依頼主）の判断で修復方針を決めていくことになる。国の重要文化財と指定された縄文土器を私自身が保存修復した際も、欠損部分をどのように復元するのかを、土器の一つひとつについてその都度、文化庁とその土器を所蔵する自治体の担当者と協議しながら決めていった。特に縄文時代中期の土器の場合は各地の個性の差が大きいので、統一的な仕上げをすることは非常に難しい。だが、「修復の考え方・倫理」「最低限の基本的な決まり」くらいは必要であろうと私は考えている。そのことについても述べていきたい。

続いて複製について考察してみたい。一見、修復と関係ないように思われるかもしれないが、複製には本格的な修復前の記録という側面もある。また縄文土器の欠損部分の復元にあたっては、残存部分から型取りして作成することもあるので、複製製作の技術と復元の技術には共通性もある。さらに、複製を作る意義を考えると、それらを収蔵・展示している博物館の役割が浮き彫りになるので、それについても考えてみたい。

文化財保存修復の理念——四つの原則

文化庁が主催する「指定文化財（美術工芸品）修理技術者講習会」という、重要文化財や国宝といった指定文化財の修復を行う専門家向けの講座がある。そこで紹介される、文化財の取り扱い方の倫理を説いたイタリアの美術史家チェーザレ・ブランディの『修復の理論』という本がある。この本の日本語版に収録されている序文で、ジュゼッペ・バジーレは、ブランディの言葉を借りながら、修復の専門家とは「臨床医のように目端が利き、外科医のように慎重で腕のたつ人」「職人でも芸術家でもなく、常に歴史分野の助けを仰ぎ、指導を受けながら、このように複雑な職務を最も適切な形で完遂できるように「手わざの知恵」を備えた教養ある「技術者」でなくてはならないだろう」と述べている。

また、文化庁のその講習会では、文化財の保存修復における「可逆性」「使用材料の適合性」

「最小限の介入」「判別可能性」という四つの基本原則（ジュゼッピーナ・ペルジーニ「美術品修復の理論」）が紹介される。これら基本原則を、ブランディの書籍も参考にしながら、一つひとつ考古遺物の保存修復に引き寄せて考えてみることにしたい（なお、四つの基本原則を軸にブランディの『修復の理論』を詳しく解説する田口かおり氏の『保存修復の技法と思想』[1]も参考にした）。

〈可逆性〉

「可逆性」とは、修復処置を施す際に元の状態に戻せるようにしておく、ということである。最も可逆性を念頭に入れなければならない処置は洗浄作業で、除去した物質は元には戻せないため慎重に行う必要がある。処置に用いる材料選択という面から考えると、可逆性という要請は結構難題であり、あくまでも「できる限り」ということになる。後々必要が生じた場合に、安全に除去し修復前の状態に戻せるような接着剤等を選ぶ、ということになる。具体的には、アクリル系の接着剤で商品名パラロイドB—72が挙げられ、これはアセトンなどの溶剤に可溶であり、一旦固まっても再び溶かして除去することが可能なので、処置前の状態に戻すことができる、つまり可逆性があると考えられる。発掘現場の仮接合でよく使われるセメダインC（主成分はセルロース）もアセトンで溶解できるので同様である。

　ところがパラロイドが微小な隙間に入り込んでしまうと、完全に除去できるかどうか、つまり可逆性があるといえるかどうかは疑わしい。土器の修復で、表面が劣化し粉状に剥落してきている場合、パラロイドを含浸することが多くあり、除去すると粉状になった表面が一緒にとれてしまう恐れがある。このように、可逆性のある接着剤として知られるパラロイドも、処置の仕方によっては不可逆的になるということは重要な留意点である。

様々な分野の文化財保存修復技術者が集まる「修復のお仕事展――伝えるもの・想い」という展示会に一〇年間参加した。そのとき感じた、埋蔵文化財の保存修復と他の分野との決定的な違いは、歴史が浅いということである。仏像や絵画の保存修復には一〇〇〇年前から使われていた技法が存在しており、例えば動植物由来の天然素材にしても、微量な不純物が含まれていて組成が複雑であるために常に同じ状態に保つのが難しいのだが、その微原料の影響がよい作用をもたらすというように、歴史に裏付けられた知見にもとづいて活用されている。他方、埋蔵文化財の考古遺物の保存修復にあたっては、基本的に化学的に合成された素材が使用されている。合成樹脂が選ばれる理由は、化学合成された材料は組成が明らかなため、仮に考古遺物に異変が生じた際にも何が作用したのか推測しやすいからであろう。完全に可逆的であることなどありえないが、それでも、必要な時に安全に除去できるよう可逆性を念頭に入れて材料を選択する。合成樹脂の開発もまだ歴史は浅いが、年々改良されている。何が良い材料か手探りの状態にあるといえよう。

〈使用材料の適合性〉

「使用材料の適合性」とは、修復するものに相応しい修復材料を使用する、ということである。特に金属素材のものの修復の場合、素材同士の相性次第で劣化を促進させてしまうという問題が起こることもあるので注意が必要である。修復の現場では「使用材料の適合性」と「可逆性」を同時に考えなければならない。例えば、屋外の石碑の保存処理などでは、前述のパラロイドなどの合成樹脂は紫外線に弱くすぐに劣化するため保存効果が低い。この場合、素材そのものには「可逆性」があるが、屋外という環境にある文化財の保存修復に適合しているとはいえないだろう。屋外の石造物の修復現場では、石の主成分であるケイ素と同じ元素を含むシリコーン系の撥水性強化材が多く使用されている。これは溶剤で再溶解できる材料ではなく、化学反応で硬化する材料なので一旦固まると元には戻せない。つまり「可逆性は低い」材料といえようが、紫外線で劣化しないので屋外の文化財への「適合性はある」ということになる。

漆工品の修理に漆を使うことも、石造物の保存にシリコーンを使用するのと同様の問題がある。東京藝術大学の保存修復工芸研究室の同僚で漆工品を担当する松本達弥氏によると、漆工文化財の修理には漆を使うことがあるが、しばしば漆は可逆性が無いという批判を受けることがあるという。漆も保存環境によっては数十年単位で劣化していく。樹脂は、天然でも合成であっても、紫外線には弱く、漆器の箱の内側は綺麗な状態でも外側は劣化してしまっている例などが見られ、表面が大きく剝落するのではなく、マイクロクラックが生じて劣化していく。そのマイクロクラックには、表面に漆液を残さないように細心の注意を払い希釈した漆を含浸していく。前述の土器の表面にアクリル系素材を含浸させるのと同様、たとえ可逆的な素材を使ったとしても、処置は不可逆的とならざるをえない。このように不可逆的な処置をとらざるをえない場合、使用材料は何を選択すべきであろうか。漆工品の修理の場合、同じ不可逆的な処置ならば、自然な仕上がりになることを優先して漆を使用する。適合性と可逆性は相互に関係し、処置方法しだいでは有効な場合もあるであろう。

このように「適合性」と「可逆性」を両立させるのは難しいのだが、このことについて、陶磁器保存修復家で松本氏と同じ東京藝術大学保存修復工芸研究室の北野珠子教授から示唆に富むお話をうかがった。フランスで出版された本で、文化財の保存修復で使用する用語について概説した『*La restauration des œuvres d'art*』では、「適合性」について「複数の素材が、混合・併用・混在させても状態維持可能な物性を持ち合わせている」こととされ、「最近では、理想ではあるが実現不可能な可逆性より、適合性を重視すべき[2]」であるとも記されている。実際に、「使用材料の適合性」を優先して、不可逆的な処置を採用せざるを得ない場合もあるということであろう。

〈最小限の介入〉

「最小限の介入」についてブランディは、「遺物は美的な要件によっても遺物として扱われるべきものであり、それに加えるべき処置は補完的なものとしてではなく、あくまで保存的な処置にとどめるべきである[3]」と述べる。ブランディは美術作品に対する処置と考古遺物に対する処置で考え方に差異があり、考古遺物と美術作品の取り扱いを区別する必要はないと考える私にとっては少しひっかかる思いがある。ブランディは発掘についても一家言ある。「発掘を、あたかも修復なしでもなりうることでもあるかのごとく、まったく別なこととみなすのは愚かである。（中略）発掘は、修復の序曲にほかならず（中略）、地面の下に隠されている全てのものが保護されている[4]」と述べている。埋蔵されたままであることが保存のためには良く、従って発掘自体を控えるという考え方もあると示唆している点も重要である。金属などは土から出た瞬間に酸化して劣化しはじめるため、発掘と保存修復はセットであるべきだとブランディは考える。開発を急いでとりあえず発掘して修復は後回しにしてしまい、いざ修復しようとした時にはすでにぼろぼろで、手を付けられなくなってしまったという遺物も時々見る。ブランディは、文化財関係者の役割を「保存して未来へ伝えるという任務[5]」と述べている。

「最小限の介入」について実例を挙げて紹介してみる。私は以前、東京大学の浅野キャンパスから出土した土器の修復にあたり、「復元しない修復」ということを考えたことがある。ちなみに、その土器が出土したのは弥生時代の名称由来となった弥生町遺跡である。この土地は江戸時代には水戸藩の屋敷で、不忍池を眺める庭園だった。明治以降、陸軍の射撃訓練場になったり精神病棟が建てられたりした。この弥生町の遺跡から出土した土器が縄文式土器とは明らかに形態が違うことから弥生式土器と命名された。土器の様式名は通常町名が付けられるため、この土器が文化の代表となり弥生文化、その時代を弥生時代と呼ぶことになったのである。

東京大学浅野キャンパスから出土した土器。正面（写真右）からは完形に見えるが、裏側（写真左）は半裁のまま復元していないため、土器の断面や内側が観察できる（東京大学埋蔵文化財調査室所蔵、著者撮影）

この弥生町の東京大学キャンパス内の武田先端知ビル建設予定地から出土した土器を修復する機会を二〇〇八年に得た。依頼主からの要望は、球体の器形を美しく見せ、かつ破損している事実を見せたいという、相反する考え方のものであった。「壊れたところを見せたい」理由は、明治期に陸軍の射撃場造成時にこの土器は削られたという事実が発掘でわかっており、これも一つの歴史的資料として保存したいということであった。そこで考えた修復仕様は「復元は最低限に抑え、土器を支える支持台を工夫する」というものであった。この土器の特徴は胴部が球体で細い頸部、そして朝顔の花のように開いた口縁である。頸部が細く膨らむ胴部にかけて肩が張っている。その肩の部分で土器を支持具で支える設計にした。

この支持台により、正面は完形の土器のように見せ、明治期に削られた部分を裏側にするデザインである。しかも通常は内側を見ることができない壺形土器であるが、裏に回れば削られた部分から内部を見ることができ、器の断面も観察可能で胎土も見ることができる。「復元しない」で「最低限の処置（介入）」という修復の例である。

〈判別可能性〉

ブランディは、修復で最も大切なことは修復箇所がはっきりわかるようにしておくこととし、「補完は常に容易にそれと識別できるものでなければならない[6]」と言う。この「判別可能性」という原則は、四つの原則のうち最も単純に思える。要するに、復元した部分をわかるようにするということだが、これも修復現場では一筋縄ではいかない部分がある。土器の修復でいうと、最終作業工程の「補彩」作業において、どの程度復元部分の色をオリジナルに合わせるか、という問題が出てくる。土器修復の依頼者からよく言われるのは、近づいて見てみると復元部分がわかり、離れると完形に見えるようにせよ、ということであるが、同業者の中でも「写真で見たときは復元とわからなくし、実物を間近に見ればわかるように」という人や、「近づけばわかる」と言いつつ、実際は全く判別不可能な補彩となっている場合もある。つまり問題は、作業者と監修者の主観に委ねられているからであり、これについては縄文土器修復の項で詳しく述べることにする。

文化財修復技術者の規定

日本では文化財保存修復学会や日本文化財科学会などの文化財に関係する学会がある。世界にも文化財修復に関わる人のための集まりがいくつかあり、なかでも大きなものにユネスコ（UNESCO）と協力関係にある国際博物館会議(International Council of Museums=ICOM)がある。その国際博物館会議の、一九八四年にコペンハーゲンで開かれた大会で「文化財保存修復家」という職業が定義された。私がこれを初めて知ったのは今から二〇年ほど前だったか、現在東京藝術大学の土屋裕子教授があるギャラリートークで紹介した時である。この時のレジュメの一部は、修復工房を経営する身にとってとても大事な内容だと感じ、以来、工房の壁に貼り付け繰り返し読んでいる。今回、この定義の「3 保存修復家の仕事がもたらす影響とその位置づけ」の項目をあらためて翻訳して引用する（古谷嘉章、石原道知訳。なお、日本におけるこの職業の現状を鑑み、the Conservator-Restorer は保存修復家と表記することにした）。

3-1　保存修復家は、芸術的、宗教的、歴史的、科学的、文化的、社会的または経済的価値が高く、多くの場合独特でかけがえのない原物に対して処置を施す点において特別な責任を負っている。そのような物の価値は、それらの製作の特徴、それらの歴史的文書としての証拠性、その結果としての真正性にある。物は、「過去の精神的、宗教的、芸術的生活の重要な表現であり、多くの場合、一級品であろうと単に日用品であろうと、ひとつの歴史的状況の記録物である」

3-2　歴史的物品のもつ記録物としての特質は、美術史学、民族誌学、考古学、およびその他の科学に基づいた分野の研究の基礎である。そこに、それらの物体としての完全性を保つことの重要性がある。

3-3　物に対する有害な操作あるいは変形のもたらすリスクは、保存または修復のいかなる手法にも付き物であるため、保存修復家は、学芸員あるいは他の関連研究者とできうる限り緊密に協力して作業する必要がある。協力することによって彼らは、必要なものと余分なもの、可能なことと不可能なこと、物の品質を高める介入とその完全性にとって有害な介入を区別しなければならない。

3-4　保存修復家は、物の記録物としての性質を認識している必要がある。それぞれの物は、歴史的、様式的、図像的、技術的、知的、美的、および／または精神的なメッセージとデータを――単独あるいは複合的に――含んでいる。物を相手に研究そして作業していて、それら〔のメッセージやデータ〕に遭遇した場合、修復家はそれらを感じ取り、それらの性質を認識することができ、作業の遂行にあたってそれらを指針とする必要がある。

3-5　したがって、すべての介入は、その物のすべての側面を理解することを目的とした系統立った科学的な調査によって進められる必要があり、各操作の結果を十分に考慮する必要がある。訓練が不足しているためにそのような検査を実施できない人、または興味がないなどの理由でそのように進めることを怠る人には、処置の責任を委ねることができない。よく訓練された経験豊富な保存修復家だけが、そのような検査の結果を正しく解釈し、下された決定の結果を予測することができる。

3-6　歴史的または芸術的な物への介入は、すべての科学的方法論に共通する、出所の調査、分析、解釈および統合という手順に従う必要がある。そうして初めて、処理が完了したときに、物の物理的な完全性が保たれ、その意義にアクセスできるようになる。最も重要なことはこのアプローチにより物の科学的メッセージを解読し、それによって新しい知識を提供する能力が増すことである。

3-7　保存修復家は、物自体に働きかける。その仕事は、外科医の仕事のように、何よりもまず手の技能／技である。しかし外科医の場合と同様に、手技は理論的知識ならびに、同時に状況を判定し即座に働きかけ、その影響を評価する能力と結びついていなければならない。

3-8　学際的な協力は最高度の重要性をもつ。なぜならば今日、保存修復家はチームの一員として働かねばならないからである。外科医が同時に放射線科医、病理学者、心理学者になることはできないのと同様に、保存修復家は芸術や文化史、化学、その他の自然科学や人間科学の専門家になることはできない。外科医のそれと同様に、保存修復家の仕事は、学者の分析や調査にもとづく発見によって補完されることができ、また補完されるべきである。このような協力は、保存修復家が科学的かつ正確に質問を定式化し、適切な文脈で答えを解釈することができれば、うまく機能する。

様々な学術分野と連携して、精神的なメッセージが含まれたものを敏感に認識し、処置しなければならないと説いている。そして文化財保存修復家の仕事を外科医の仕事に例え、外科医が同時には他の専門の技師などになることはできないのと同様に、保存修復家も他の専門家になることはできず、学際的な協力をもって仕事を進めることを不可欠とし、これは、諸問題はその分野の専門家が解決するが、それを誰に依頼すれば良いかということを思いつく力を持つことが大事だということであろう。また別の項目では、芸術家や工芸職人とは異なり、修復家の仕事は創造することではないことを明言している。保存修復家の資格を得るためには「芸術と文明の歴史」「調査と文書化の方法」「技術と材料に関する知識」「保存修復理論と倫理」「保存修復の歴史と技術」「文化財の劣化プロセスと保存方法の化学、生物学、物理学」を学ぶ必要があるとし、大学卒業の学位に準ずるもので、技術と記録、それらの文書化を徹底的にしなければならないとする。

また、この定義の序文には、ほとんどの国では保存修復家の職業はまだ定義されていない、とあり、「医師、弁護士、建築家などの他の職業では、自己検査と定義の段階を経て、広く受け入れられ基準を確立しているが、保存修復家の定義は遅れている」と述べ、この定義が「学芸員や考古学者などの分野と同等の地位を得ることに役立つ」はずだという。一九八四年の時点では海外でも学芸員や考古学者と文化財修復家は地位が同等ではなかったようだが、私の体験からして、日本では現在でも、仕事は博物館から委託され、依頼主と請負者の関係であり、修復業者は主従関係を感じ同等の立場とはいえないだろう。

文化財保存について研究する三浦定俊氏は「文化財保存に関する倫理規定」という論文で、日本、アメリカ、カナダ、欧州とこの国際博物館会議の倫理規定の比較を行い、その考察で次のように指摘している。

「世界的に一九六〇年代頃までは、修復者は修復工房に属し修業して一人前の職人になったが、以降は各地の大学に保存修復のコースが設置され、工房に属さなくても修復についての技術や新しい材料などの知識を学べるようになり、従来の工房での修業がなくても「文化財保存修復家」になれるようになった。その結果、国際博物館会議の一九八四年の定義が作られたと考えられる(7)」

ちなみに私は工房に属して文化財の扱いを学んだので、工房修業者の最後の世代と言えるかもしれない。

修理と修復、復元と復原

国際博物館会議の二〇〇四年の大会では倫理規定が改訂された。その日本語訳から文化財の保存修復という仕事をみる(「保存・修復者」と用語解説で表記している)と、「収蔵品の保存と修復」という項で、保存技術者・修復者の仕事の主な目的は、資料または標本の状態の安定化であるべきだ、と述べられている。保存の手順はすべて文書化するべきで、またできるだけ可逆的であるべきであり、すべての変更箇所は、原品の部分と明確に識別可能にするべきである、と記されている。日本の文化財保存修復学会も「文化財の保存にたずさわる人のための行動規範」を定めており、①文化財への敬意、②文化財の価値の尊重、③安全性の確保、④保存環境の重視、⑤自己の研鑽、⑥専門家との協力、⑦他者との関係、⑧記録の作成・保存・公表、⑨法令の尊守、⑩行動規範の尊守、の一〇項目になる。

また、文化財の保存修復を仕事にする人を指す言葉が定まっていない印象で、あくまでも「保存にたずさわる人」としている。一般的には「修復家」「修復師」「修復士」「修復技術者」「保存・修復者」などがよく耳にする言葉であろうが、それらは微妙に意味が違うように感じる。「修復技術者」は「技術」が「手わざ」を指しているようでよいのかもしれないが、修復の計画を作成する場合もあるので「手わざ」だけではないとも言えるかもしれない。国際博物館会議で使用する「保存・修復者」の表記は、保存に関する分析者と修復を施す技術者の両方の意味を含んでいる印象だ。「修復」と「修理」も意味が微妙に違う。修理は機能の回復という意味があり、考古遺物の場合、修理というよりは修復の方がしっくりくるように思える。東京文化財研究所の朽津信明氏によると、より学術的な要素が含まれる場合に「修復」となりそうだという。ちなみに私が仕事を受ける場合、公立の博物館や地方自治体の教育委員会（教育委員会に文化財保護課が入るところが多い）からの依頼が大部分であるが、委託契約の件名は「修理」「修復」「修繕」「補強・復元」など様々である。

京都国立博物館副館長（二〇二三年三月まで）の栗原裕司氏は『博物館の世界』で、「修理」「修復」「復元」「復原」の用語を次のように解説している。

「一〇〇〇年以上の長い年月を生き抜いてきた文化財は、かつて何かしらの修理を行っているものがほとんどで、必要な修理を繰り返すことで文化財は守られ、何世代にもわたって大事に伝えられてきた。

ところで、よく文化財の「修復」という言葉も耳にするが、我々文化財に携わる者は「修復」ではなく「修理」という。あくまで現状維持であり、作品を新品のようにきれいにすることが目的ではないからだ。長い年月を経て刻々と進む劣化を止めるためにする行為なので「修理」というわけだ。劣化が進み過ぎて修理してもどうしようもない時に、「復元」をすることもある。ちなみに、今ないものを元の姿に戻すことを「復元」、今ある文化財を修理して戻すことを「復原」という」(8)

東京国立博物館の展示室17室の表記も「保存と修理」となっているし、文化庁の講習会も「修理技術者」となっている。栗原氏は文化財に携わる者は「修理」であると述べ、文化財の取り扱い方は、「現状維持」で余計な手を入れないということであるとしているが、これは欧米の文化財保存学の四大原則で言えば「最小限の介入」となるだろう。縄文土器は、ごく稀に完形に近い状態の物も出土することもあるが、ほとんどの土器が欠損して出土する。欠損部を復元しなければ展示すらできない場合が多く、保管のための補強を目的とする復元が必要になることもある。これが栗原氏のいう、劣化が進み過ぎて修理してもどうしようもない時の「復元」にあたるのだろう。「修理」を最低限の介入と考え「保存」に対応させ、また「復元」を修復の一部と考えてみると、「保存修復」という表記も間違いではなさそうである。一方で、東京文化財研究所の早川泰弘氏は著書『文化財をしらべる・まもるいかす』の中で、文化財保護法では専ら「修理」が使用され「修復」は使われていないが、国立文化財機構では「修復」という用語も広く使われてきたと述べている。

縄文土器など埋蔵文化財を扱う場合については「保存修復」という言い方で良さそうであるが、国内の他の分野の保存修復技術者たちの事情を聞くと様々な言い方が存在し、分野の違いを超えて無理に統一する必要も無いのかもしれない。ちなみに日本の文化財関係の学会の名称は「文化財保存修復学会」(The Japan Society for the Conservation of Cultural Property)となっている。

考古資料の素材の多様さと保存処理——金属遺物を例に

私は文化財保存・修復に関する、言わば町のかかりつけ医的な存在であるので、土器、金属、石、木材、骨、その他様々な素材の物について最初に相談を受け対応する必要がある。一見して重要遺物であることが明確な場合は国立の文化財機関や組織に相談することを勧めるが、その他は自分で処置法を考えなければならない。

実に多様な素材に関わらなければならないのだが、その際に重宝している参考図書が『文化財保存科学ノート』（沢田正昭）で、木製品、金属製品、石製品についての保存処理についてまとめられている。金属については『出土鉄製品の保存と対応』（松井敏也）が細かい手順から応急処置の仕方を含めて実践的な一冊である。一方、土器については参考になる本が少ない（その意味で、本書は土器の修復について述べる貴重な一冊とも言えるだろう）。金属の保存処理では数値を目安として処置し、手順もだいたい決められているのに対して、縄文土器の修復の場合は倫理的な部分が重要になる。欠損部分の判別可能性はどこまでオリジナルに似せるか、文様はどこまで推定復元が許されるかなどである。

金属遺物の保存処理は理化学がベースで、特に化学の専門家の助言が必要となる。私の場合、今から二〇年ほど前のことになるが、当時、東京大学地震研究所に在籍していた高橋春男氏並びに東京大学アイソトープ総合センター在籍の小泉好述氏にご指導いただいた。

出土金属の保存処理には複数の方法があるが、私が行っているのは、ソックスレー装置を応用した脱酸素処理を施した水を使った処理法で、参考にしたのは東京文化財研究所が刊行する雑誌「保存科学」（一九九〇年第二九号）にある論文「新設脱塩装置について」である。この中で、金属の劣化の原因と安定化する方法を次のように述べている。「発掘という行為によって大気にさらされた金属遺物は酸化が促進される。（中略）陰イオンを除去することは錆の安定化処理に有効であるとされており（中略）陰イオンの除去は純水で洗浄する方が各種アルカリ溶液を用いるよりも簡単で、遺物を傷めずに効果的ではないか[9]」とあり、薬品を使わない水のみを使用した単純な方法（脱アルカリ処理などが必要ない）であるため、これを採用することにした。

金属資料の保存処理工程はおおむね次のような流れになる。①処理前の記録、②クリーニング、③脱塩作業、④乾燥、⑤緑青の安定化処理（銅製品の場合）、⑥樹脂含浸（アクリル樹脂、強化補強）、⑦必要に応じて②〜⑥を繰り返す。各工程について以下に説明する。

〈処理前の記録〉

遺物は出土と同時に酸素に触れ、酸化し、劣化が進行する。ブランディがいうように考古資料の保存修復は発掘調査時から始まっていると言えよう。最初に行うのは作業前の記録である。これは土器の修復でも同じで、金属の場合は通常の写真撮影に加え、X線透過写真が必須となる。さらにX線CT画像を撮影する場合もあり、処置前のレプリカを作成することもある。

X線透過写真を撮る主な理由としては、象嵌《ぞうがん》（古墳時代の出土金属ではしばしば鉄地をタガネで文字や文様を彫り込みそこに金や銀の線をはめ込む技法。有名な物に国宝稲荷山古墳出土の金錯銘鉄剣《きんさくめいてっけん》がある）の確認、ヒビの位置、鋳造品の場合は鬆《す》（空洞の状態）の有無、製品の輪郭、腐蝕状態、残存している金属の量、位置など、資料状態の確認と記録を行い、保存、修復に不可欠な画像情報を得るためである。例えば、包丁のように見えた鉄製品をX線透過写真に撮ると鋸の歯が見えたことがあり、不明品のなかに現代のネジが混入していたこともある。

〈クリーニング〉

次にクリーニングを行い、土や石、それからサビ（酸化物）などを除去する。特にサビは腐食を誘引することも考えられるので、簡単に取れるようなサビは予め除去する。ただし「可逆性」を考慮し、除去作業は控えめにし、現状を維持することが重要であると考える。というのは、一旦除去してしまったものは元には戻せないからであり、クリーニングの工程が実は一番気を使う。土器でも器面を洗いすぎて表面の彩色層を落としてしまう可能性がある。汚れだと思えるものが実はいにしえの生活の痕跡だった、ということもあるので注意が必要だ。金属遺物の表面には布や木質が付着していることもあり、これらは何らかの文化的痕跡である可能性もあるので特に慎重さが要求される。

サビの除去方法としては、大きな柔らかい錆は大小の刃物やニッパー等を使用して除去する。微細な箇所は、電動グラインダー、エアーブラシ等を使用する。場合によっては薬品を使う場合もある。エアーブラシはコンプレッサーによる圧縮空気で研磨剤を遺物に吹き付け、サビや土、汚れを吹き飛ばす装置で、不要なものだけを効率的に除去することができる。遺物の本体と不要なサビなどは見た目ではわかりにくいが、それらは遺物本体よりも柔らかいことが多く、エアーブラシの研磨剤吹き付けにより飛ばすことができる。

象嵌がある場合、その研ぎ出しは超音波研磨機あるいは電動グラインダーの先端を替えながら慎重に除去する。エアーブラシでは鉄よりも柔らかい金や銀を飛ばしてしまう恐れがあるので、微細な調整が可能な超音波研磨機を用いる。金銅製品の場合も同様である。研磨部先端の種類は、木、セラミック、鋼鉄製カッター、ダイヤモンドヤスリ等、資料によって適当に選択する。

超音波研磨機は土器の修復でも補填で使ったエポキシ樹脂を外す場合に使用している。超音波研磨機の先端に細めのカッターを接続すると細かい部分を超音波振動で崩すことができ、溶解できない「不可逆」的なエポキシ樹脂であっても、この研磨機で少しずつ泥のように崩すことができる。補填の際、カッターの刃が入らないような微細な部分にエポキシ樹脂が入らないように注意して処置さえすれば、本来「不可逆」的なエポキシ樹脂を「可逆性」をもたせて処置することも可能といえるのではないだろうか。

〈脱塩作業〉

クリーニングの次に脱塩作業を行う。遺物の腐食の原因の一つと考えられている、埋蔵中に資料に入り込んだ塩素分を精製水に抽出して取り除く作業である。精製水は脱酸素処理を施す。精製水を取り替えながら二〇回ほど洗浄を繰り返し、塩素分を抽出する。塩素イオン濃度ができるだけ小さくなるまで作業を繰り返す。脱塩作業は遺物を水に浸漬するため、遺物にとって危険を伴い、なるべく早く水から出す必要がある。脱塩処置に使用する器材は、ガラス製品をベースにプラスチックを使用している。これは、金属製の資料が金属製の容器と化学反応を起こすことを避けるためである。身の回りの例で言えば、ステンレスは錆びない金属として知られているが、その性質を利用して屋外の建材を補強しようとしたところ、ステンレスと鉄の建材が反応し劣化を早めてしまったという事が起こる。素材を適材適所に使用しなかったがために、守りたい物を逆に劣化させてしまうことが起きる。文化財保存修復の四大原則「使用材料の適合性」に反する身近な例である。

〈乾燥〉

脱塩処理の終わった資料は十分乾燥させる必要がある。乾燥が不十分だと、水分が遺物内部に残り、後に資料中から水が出て劣化が進むなどの事故につながるので特に注意が必要だ。アルコール乾燥と真空乾燥を施している。

〈樹脂含浸〉

中真空で減圧した含浸槽にアクリル樹脂を注入する。注入した樹脂は、噴霧され飛沫となって遺物の細かなクラックに入り込み、含浸をより確実にするものと考える。

最後は破片を接合する。接合にはアクリル系素材を使用し、一部脆弱な箇所をエポキシ樹脂を使用し復元と補強を兼ねた処置を施す。その部分の補彩をアクリル絵の具で施す。ここで使用する素材は土器復元部にも使われる。

金属遺物の保存処理は土器に比べてある程度手順が決まっているが、それでも迷いが生ずる場面がある。クリーニングの必要なものか、不要なサビなのかといったことを、その場で瞬時に判断しなければならない時である。例えばエアーブラシの研磨剤は高速で噴出しているので、サビの下に隠されていた大事な部分が一瞬で飛ばされてしまう危険が常に付きまとう。作業者自身、失敗したのかどうか確認すらできず、孤独に闘うことになる。「可逆性」に関する問題である。

2　縄文土器の修復

土器修復の基本方針とその工程

土器修復の基本的な作業内容は、金属と同様、汚れと判断できるものを除去して、欠損部分を補填し、保管のための強度を保つことであり、必要に応じて復元することである。また、一般公開するために、移動して展示できるように補強や治具も考える。復元する場合の大きな問題は、その本来の形を「どこまで推定しての修復が許されるか」であり、チェーザレ・ブランディの言う復元部分とオリジナル部分との違いをどの程度「判別可能な状態に仕上げるか」である。

すでに金属資料の項で修復の工程については詳しく述べたが、土器修復でも最初に現状の記録を写真等撮影などを行った後は、解体、クリーニング、再接合、補填、復元、補彩と続く。実は縄文土器はほとんどの場合、発掘現場で取り上げられた後、まず形状を把握し発掘報告書に写真を掲載するために仮接合を行うが、とりあえずの仮組という意識があるために、多少のズレがあっても接合してしまうことが多いため、まずはこの仮接合を外すこと、つまり解体から始めることになる。仮接合の際によく使用される接着剤はセメダインCで、主成分はセルロースなのでアセトンによって比較的簡単に溶解でき、除去可能な「可逆性のある」素材といえよう。一昔前の修復ではエポキシ系の接着剤や漆を使った例がある。強度を重視したためであろうが、この場合解体するのはかなり大変で、接合がズレていないならば、解体をあきらめることもある。エポキシ系の接着剤や漆は、土器の接合の場合であれば「可逆性」も「適合性」もない材料と言えよう。

仮組の段階で欠損部分を復元する際には石膏が多く使用されている。これは扱いに慣れている人とそうでない人とで違いが出る材料で、不慣れな人の場合、石膏が土器表面を汚すので、この汚れを取るのに手間がかかる。これらを解体、除去するために金属の保存処理でも使用した超音波研磨機を使う場合がある。石膏が土器表面の小さな穴に入り込み取れなくなった資料もたくさん見てきた。本来可逆的な使い方ができる材料である石膏も作業者によっては「不可逆的」な素材となる。

次に、解体、クリーニングしたものを再度接合する。「可逆性」を考え、溶剤で溶解するアクリル樹脂を使う。補填と復元の場合はエポキシ樹脂をパテ状に調合した製品を使うことが多い。これは化学反応で硬化する素材で、溶剤では溶解しない。処置方法によっては「可逆性」の無い素材だが、前述のように超音波カッターの刃が届く範囲を計算して樹脂を充填していくことで除去可能となるように施す。このエポキシ樹脂は疑似木と呼ばれることのある素材で、木工具や彫刻刀でも削ることができる。

最後の仕上げは補彩だが、この作業は賛否両論ある工程で、復元部分の色をオリジナルとどこまで近づけるか、「判別可能性」の問題がある。やりすぎると復元の部分が判別できなくなる。私はオリジナルの部分と復元部分は、ある程度色を合わせ、汚れのような後から着いたものは表現しないようにし、彩色面はできるだけ平滑になるように補彩し、土器の器面との質感を変えることで復元部分をわかるようにと心掛けている。

土器の保存処理の場合も、金属と同様、やはりクリーニングと解体の工程が、不可逆的な作業であるため難しい。さらに、難しい工程である「土器の復元部分の補彩」では、「判別可能性」をどのように担保するかが問題となる。これも作業者の主観によるところが大きいので、作業者の責任であり、自問自答を繰り返す迷いの工程である。一旦作り出した復元部は、それが判別不可能なものであれば、どこがオリジナルか復元部分かが誰にもわからないものとなり、詳細(秘密)を知っているのは自分だけという孤独な作業となる。そして、数年後には作業者でさえどこを復元したのか忘れてしまうだろう。

前述の京都国立博物館副館長の栗原氏によれば、「復元」は無い部分を作る、「復原」は存在するが失われそうな部分を補う、だとすれば「復元」には恐らくこうであっただろうという推定が含まれていることになる。これを「推定復元」という。次に復元部分の推定がどこまで許されるかについて、ある週刊誌の記事を題材に述べてみよう。

復元部分の取り扱い

二〇一五年、土器が捏造・変造されているという記事がサンデー毎日（七月一九日号）に掲載された。巻頭グラビア部分で「土器片と合成樹脂が判別できなくなるような修復はやめるべきだ」(10)とある。残念ながら告発の通りで、この記事は我が国の土器修復事情を詳しく語っている。記事には、土器の修復が綺麗すぎるのではないかとあり、また「オリジナルの土器片とは異なる色にして、復元したことを分かるようにするのが常識」との研究者のコメントを載せる。さらに「エポキシを使えば、手先が器用な日本人はどんなものでも復元できる。このことが〝推定復元〟が頻繁に行われる背景にあるのではないでしょうか」との意見が述べられている。

この記事は、修復に使用される素材の問題を中心に修復部分の取り扱いについて述べている。エポキシ樹脂を使用した復元部分の「判別がしにくい」土器が「悪い修復例」として挙げられ、エポキシ樹脂で修復するから「やりすぎる」と指摘している。文化財で一番使用されているアクリル樹脂のパラロイドでさえ不可逆的な処置となる場合があることは前に述べた通りだ。材料は使い方次第であり、処置法によっては不可逆な場合もあるが、利用の仕方を考えれば有効な素材となる。つまり、材料に罪は無く処置方法に問題がある、と私は考える。

記事では「やりすぎ復元」を多数の研究者が議論する構成で問題を提起しているが、私が考える解決方法は「復元部分をわかるようにする」という、とても単純で簡単なことだ。もう一度念をおすが「判別しにくい」こととエポキシ樹脂は無関係である。記事が変造と指摘する土器は石膏で復元されていたが、その石膏部分も判別不能なのである。出土土器は発掘現場で仮組みされることはすでに述べたが、時折、発掘直後に仮組みでは無い本格的な修復(復元)を行う場合があり、この記事にある土器はその例である。本件の問題は彩色、いわゆる古色づけしていることである。

また、土器を何でもかんでも解体復元する風潮を批判し、記事にある土器のように解体の必要が無い土器もあるのではないかという。この提言は、ルーティンと化してしまった感のある土器修復の現状を鋭く突いている。こうした現状に対しすでに新たな取り組みをしている博物館関係者もいる。東京国立博物館では、神庭信幸氏が「文化財臨床保存」の考察で「対処修理」という考え方を主張している。私も東京国立博物館の土器の中で、少し手を入れるだけで良くなるようなものを処置した経験がある。

様々な問題をはらむこの記事は簡単に解決とならないが、「判別可能性」を考える題材として現在の土器修復の水準を知るには、とても重要な内容であると思う。記事の中で、「一般の方々に見てもらう際には、全体像が分かるように欠けた部分も復元して展示した方が良い」とし、その場合でも、やはり「オリジナルの土器片とは異なる色にして、復元したことを分かるようにするのが常識。修復部分も分からなくするのは行き過ぎです」と判別可能性が大事だとする学者のコメントも紹介しており、これには賛同できる。問題は、縄文土器の修復が復元部判別不可能な物が多すぎることであるが、近年では、そんな考古系研究者のなかにも考古資料である土器は

「最低限の処置」で「判別可能性」を重視したいという人も少なからず出てきているという。将来に期待できそうな流れである。

ただ、全ての縄文土器に対して、ブランディのいう考古資料に相応しい処置、つまり「あくまで保存的な処置にとどめるべき」なのかというと、そう簡単には割り切れない。縄文土器は、考古資料という価値と芸術作品という価値の両面があると思えるからである。両方の価値を生かした展示のための修復方法もあるのではないかと思う。

縄文土器をどのように展示するのかという、「見せ方」を考えた修復を行うならば、復元はどこまで推定が許されるのかが大きな問題となる。展示室での見え方、見せ方を考えなければならないとすれば、視覚による情報の伝達をデザインすることになる。ところが「見え方」とは、観客の主観が大きく作用し、展示デザイナーの意図が確実に伝わるとは限らない。それどころか展示デザイナーは縄文人の意識を完全に理解することができるか。そうなると、そもそも土器などの遺物を製作した縄文人の心を我々現代人が知ることが可能なのかを考えることも必要になってくる。

縄文土器を見る現代人の眼

現代の我々が縄文時代の文化を見た時、ほとんど異文化を見るようなものではないだろうか。あまりにも異質な文化である「縄文」を見ようとする時、総合的な観察が必要で、かなり努力しないと理解できないのではないだろうか。あるいは最初から「わからない」と思った方がよいのではないか。縄文文化を理解する為には、我々が掛けている色眼鏡（バイアス）の本質を見抜かなければ、間違った解釈に陥るのではないかと思われる。たとえば昨今の縄文にまつわる言説では、文様を解釈する場合に具体的なモデルがあるとする説が多く見られる。つまり縄文土器の文様は写実的なものだということだが、果たして縄文人は土器を製作するにあたって写実を行ったのだろうか？　写実をしたということを前提にして縄文土器の文様を現代人が復元するのは危険ではないだろうか。むしろ、文様の意味は作った縄文人にしかわからないという態度を徹底したほうが、土器を先入観なしに自由に土器を感じることができ、楽しめるのではないかと思うし、やりすぎて間違った修復をしてしまう勇み足を避けることができるのではないかと思う。

また、縄文土器を芸術作品として見ると、考古学的理解とは何が違うのだろうか。縄文土器を有名にした岡本太郎氏は、火焔型土器を情念の爆発で芸術作品だと言っている。それに対して考古学者の今村啓爾氏は、あのような形の土器は新潟県でたくさん出ていて、部族に共通した公共的な形だという。土器を古い方から順番に並べていくと、文様はマイナーチェンジを繰り返して、洗練さを加え、だんだんと火のような形に成長していく。何年かかるのかはわからないけれど、色々な人が形に手を加えていった変遷の結果で、だんだん火炎のような形になっていくが、今村氏はそれを部族の形であるという。

「岡本は縄文土器を日本民族の根源的で深層をなす芸術として捉えた。氏の自由奔放で執拗な作品は縄文土器と通底するものがある。（中略）土器にありったけの情熱をたたきつける縄文人のイメージに重ねあわせた自分自身がある。しかし考古学研究者としての私には岡本がいだくような縄文人のイメージは乏しい。なぜなら縄文人は皆がそろってほとんど同じものを、作り方の決まりに従って忠実に丁寧に作ったことを知っているから」(「縄文土器と芸術的創造[11]」)

類型があるから考古学者は土器を分類することができるし、土器の分類で出土遺物の時代を判定することもできる。今村氏は結論として「縄文土器は一般に強い規範とわずかに許された自由裁量のもとに作られている」と述べ、誰か一人の天才から生まれた芸術作品ではなく、強いルールに従った受動的なものだという。縄文土器の文様は、一人の人間の自己表現である現代的な芸術作品とは違って、部族の共通した形で、過去の作品を模倣しアレンジする、またその作品を次世代の誰かが模倣しアレンジする、ということを繰り返していく。アレンジの部分が自由裁量の部分である。一人の製作では無く、部族の集団的オートマティズムとでもいえそうな生成プログラムである。

こう考えると、縄文時代の土器製作者は先達の作った土器文様の意味を知らないで使っていた可能性もある。もし縄文人が無作為的に土器を作成していたとするならば、無意識で作成された文様の、その欠損部分の推定復元は難しいと思われる。だからこそ復元部分の「判別可能性」は尊重されるべきなのである。

意図的な破壊による欠損

縄文土器は完全な形で出土する例は極めて珍しく、ほとんどの場合、出土時には破損し、何かしら欠損している。したがって一点ごとに「課題」が異なり、統一的な仕様で修復することが難しい。また、出土品を展示し活用しようとすれば、例えば底部が欠損している土器などは、補強しなければ展示どころか保管もままならない。

欠損部分の復元方法は、欠損部分と類似する現存部分を参照して同じように復元することが多い。この推定復元が可能かどうかの判断が難しく、ブランディのいうように復元部分の「判別可能性」を尊重した修復を行えば何も問題は生じないのだが、日本の現状では文化財の復元について統一したガイドラインは無く、既述の週刊誌で告発されているように、復元部分が判別不能な状態に復元するのが一般的なのである。

もし縄文人が土器を、しかもその底部を、意図的に壊していたとしたら、どのように考え、復元するのが適切なのだろうか。これから紹介する群馬県渋川市の道訓前《どうくんまえ》遺跡から出土した土器は、底部が無い。発掘報告書の記述によると、この遺跡は赤城山（一八二七ｍ）の西麓に位置し、標高は三二〇～三三〇ｍ。尾根上の台地で緩斜面、榛名山《はるなさん》が見渡せる見晴らしの良い場所で、縄文時代中期の環状集落、この時代の典型的な集落形態である。土器の出土した遺構は、九〇㎝×八〇㎝程度のゆがんだ円形の穴で、ＪＰ―２１６と呼ばれている。穴の深さは後の時期の住居によって削られて判明しない。

修復の対象とされた土器は、二つの鉢が積み重なったような形をした深鉢で、底部の径が一八

群馬県渋川市道訓前遺跡JP-216から出土した土器（渋川市教育委員会協力、著者撮影）

㎝、最大径は四四㎝。最大幅は四八㎝、高さが六二㎝。大型の焼町《やけまち》土器と分類される。口縁上部に円環状の突起（径七㎝）が乗り、この突起が見た目を派手に見せている。

出土状況は、ＪＰ—２１６土坑内に大小の破片となって出土した。その破片はひとかたまりになっているものの、破片同士の関係性はバラバラで、埋蔵中の土圧で押しつぶされたとは考えにくく、破壊された後にこの場所に投げ込んだという状況が推測できる。この土器は遺存率が高く、接合するとほぼ完形になる。欠損部分は口縁の大きな突起四点のうちの一つと、胴下部の一部、そして底部である。底部付近の破片は別の地点から出土し、本体に接合したと発掘報告書にある。

報告書によると、底部付近の破片が出土したのはＪＰ—２１６から数メートルほど離れた場所とあり、ここが土器を「壊した場所」であろうか。見た目を派手に見せている重要な箇所である突起が一つだけ無いこととあわせて考えると、この土器は、まず底部と突起が取り去られ、その場から少し離れたところの穴（ＪＰ—２１６）に投げ入れられた。埋納時に故意に壊す儀式のようなことが行われた可能性が考えられると発掘報告書には記述されている。道訓前遺跡では他に、ＪＰ—６７号土坑出土の土器でも、二つある突起の片方と、底部が欠損していることが報告されており、突起は本体の出土した土坑とは別の住居址から出土した。同じ群馬県の渋川市の房谷戸遺跡でも土器が意図的に壊されているなど、同様の事例が複数があり、縄文人の土器の廃棄方法として詳しく検討され、八項目の遺棄方法を次のようにまとめている。

①完形のまま遺棄、②突起を打ち欠いて遺棄、③打ち欠いた突起のみを遺棄、④紋様を剝がして遺棄、⑤胴部以上を打ち欠いて遺棄（底部のみを遺棄）、⑥底部を打ち欠いて遺棄、⑦胴部以上・底部を打ち欠いて遺棄、⑧紋様で最も目立つ部分を遺棄[12]（「紋様を剝された土器」）

復元については、どの時点のものに復元するかという問題もある。考えられる時点とは、①出土の時点（つまり現代）、②縄文人が廃棄あるいは埋納した時点、③縄文人が使用していた時点、④縄文人が土器を製作した時点、の四つが考えられる。復元すべき姿が④の完全な姿ではないことは自明であるが、この土器が何らかの祭祀の際に故意に壊され埋納されたとすれば、②の時点が適当と考える（実際には②を尊重して①の時点となる）。

故意に破損された可能性がある欠損部分の扱いでは、修復の理念「最小限の処置」の項で述べた弥生町出土土器のように、復元しないという選択肢もある。しかし、ＪＰ―２１６地点から出土したこの土器の場合、底部は復元することにより土器が自立し、専用展示台無しでも展示できるようになり、保管上も強度が格段に上がる。なによりも、弥生町の土器よりも大型なので底部を安定させなければ自重で破損する恐れもある。底部の復元により海外の展示にも貸出可能な強度となる。

さらに欠損した突起部分は土器の印象を決定する重要な箇所なので、復元することが土器の全体像をイメージする上で有効であると考えた。その際、復元部分は土器本体の色より明度を明るくし、全体が暗くならないよう心がけながら、平滑に塗り土器面との質感を変え、「判別可能性」を追求した。接合個所の補填部分はもう少し判別しやすくに仕上げたほうが良かったかもしれないが、器面全体に走る、躍動する流線を見やすくするためにはこのほうが良いと判断した。

この土器は二〇〇九年の大英博物館の『土偶（THE POWER OF DOGU）』展に出品され、さらに帰国後に東京国立博物館で開かれた『国宝土偶展』では、「土偶の仲間たち」として展示された。土偶と同じように破壊される祭祀に関係するものだと考えられたからだと思われる。

この土器の底部と突起の欠損部分はどこに行ったのか。今も未発掘のどこかの遺跡の中に埋もれているかもしれない。

破片の行方

道訓前遺跡にそう遠くない、同じ群馬県の高崎情報団地Ⅱ遺跡では、赤と黒で彩色された縄文時代の土器片が多数出土し、彩色がよく残っていた。赤色はベンガラと考えられる顔料で彩色されている。本来縄文土器は彩り豊かであり、埋蔵中にその色が剝落し土色になってしまうのかもしれない。私は、これら土器の洗浄・保存処理および復元作業を高崎市教育委員会より依託された。その事例を紹介する。彩色層の状態は、塗膜の残っている比較的しっかりした物から、すでに粉状になっていて、手で触ると指に赤い粉が着いてくるような非常に脆いものまで様々であった。何も施さずにクリーニングすると、かなりの彩色が泥といっしょに流れ落ちてしまうように思われた。そこで、できるだけ彩色の剝落を抑えながら泥の除去をし、あわせて彩色塗膜の保存処理を施した。実際に行った手順は以下の通り。まず、土器片を泥やその他の汚れが付着した出土時のまま、文化財でよく使われている、アクリル系合成樹脂（パラロイドB72）で含浸する。次に、合成樹脂である程度土器片が固まり丈夫になったところで泥や汚れの除去をする。できるだけ泥や汚れのみに溶剤を塗布し、樹脂が溶けて軟らかくなったところで、少しずつ除去するという手法だ。

復元部分の補彩は、近距離で観察すると復元部がわかるよう仕上げたつもりだが、実際には判別しにくかったかもしれない。復元部が容易に判別でき、同時に復元部と現存部の一体感がある仕上がり、というのが土器修復の彩色仕上げの理想と考えているが、作業者の主観によるので仕上がりにばらつきが出てしまうことが課題である。

高崎情報団地Ⅱ遺跡では、これら彩色された土器片群は破片数一〇〇点以上と大量であるにもかかわらず、復元できる遺存率の高い土器は、１５４号、１８７号土坑出土のわずか二点で、両方とも口縁から底部までの破片が出た。このうち１８７号土坑のものは口縁のほんの一部だけ欠損しており、そこだけがなぜ失われたのか、自然に欠損したのか不明である。

前述の道訓前遺跡ＪＰ―２１６の事例と比較してみると、ＪＰ―２１６から出土したのは、突起の一部や底部が剝がされた土器の本体の方と考えられ、高崎の遺跡では復元できるほど遺存率の高い土器は二点だけで、接合できない土器の一部、破片の方が大量に出土していることから、持ち去られた土器片、つまり道訓前遺跡の例とは逆の、剝がされた方が出土しているのではないだろうか。一部が無いことは、一部を「収集された」結果とも考えられる。口縁の一部を故意に打ち欠き、他の土坑に埋めたり、住居に持ち帰ったりした縄文人の行為を示す遺物なのではないだろうか。

欠損部分の復元――文様は繰り返すとはかぎらない

先に、欠損部分の復元方法は欠損部分と類似する現存部分を参照して同じように復元することが多いと書いた。同じ文様が繰り返されるだろうという推定復元である。時にはシリコーンゴムを使用して型取りを行い、欠損部分の作成をする。これはレプリカの作成技術と同じである。そう考えると、復元部分は現存部分のレプリカと考えることもできる。道訓前ＪＰ―216出土土器の欠損した突起の復元も型取りの手法で作成した。

しかし、欠損部分の復元に際し、同じ文様が繰り返すだろうという理由で推定復元を、現存部分のレプリカ作成を、無意識的に行っても良いものだろうか。縄文人が一つの土器内で文様に変化をつける「アレンジ」の問題がここに関わって来る。縄文人が同一の文様を単純に繰り返してはいないという事例を紹介する。ここでも道訓前遺跡のＪＰ―216土坑から出土した土器が良い例になる。

道訓前遺跡ＪＰ―216出土のその土器の最初に目がいく部分は、口縁上に着いた四個の突起で、四方向に類似した文様を繰り返す。余談だが、土器を見慣れていない知人はこの土器を火焰型土器と勘違いしたが、「派手さ」という点では似ていると言えるかもしれない。製作されたのはどちらも縄文中期で、立体造形が最も盛んに行われた時期である。ただ地域が異なり、火焰型土器は新潟県、道訓前遺跡は群馬県である。火焰型土器の口縁に施された「鋸歯文《きょしもん》」は三角（△）の連続で、道訓前遺跡の土器の四個の突起はいずれも円環、丸（◯）である。新潟と群馬の県境にある谷川連峰を境界に◯と△の世界観が展開されていると考えることもできるかもしれない。

道訓前遺跡ＪＰ—２１６の土器は、胴部に径二〇㎝程度の横に少し広がった楕円形の文様があり、これを胴部主文様とここでは言う。突起の次に目立つ部分である。この中に大小の隆線で渦を描いている。この渦の合間の三日月状の中に特徴的な四方向で異なる文様が入る。一つはいわゆる鋸歯文といわれる△の連続する文様で、対向する反対側の文様は◯と刻みで、△と◯の二項対立となっている。この対向する△と◯が仮に表と裏の関係（図のAとA'）であるなら、左右の側面（図のBとB'）はどうなっているかというと、両側面とも◯である。表のみ△で、裏と両側面の三面が◯、つまり一対三となる（一面のみ△であるためここでは表としたが、実は裏面かもしれない）。◯の三面もそれぞれわずかにだが変化がつけられている。裏部分は◯が四個、両側面は三個ずつで、三と四の対比が見える。ちなみに、表とした鋸歯文の入った面にも◯が二個ある。表裏、側面、全ての面で微妙なアレンジを加えることによって、この胴部主文様は四方向すべてで違うものとなっている。

もしＪＰ—２１６の土器の鋸歯文の△の面が欠損していて、それを推定復元することになった場合、どのように復元するか。現存部分を参照し、残りの三面から◯と推定、型取りを行なった胴部側面に2種類（AとB）の図が入る。AとBの違いは、横にのびる線の長さと先端部分。4方向にA、Bが交互に入るが、大きな縁の中（□部分）は少しずつアレンジが違う。

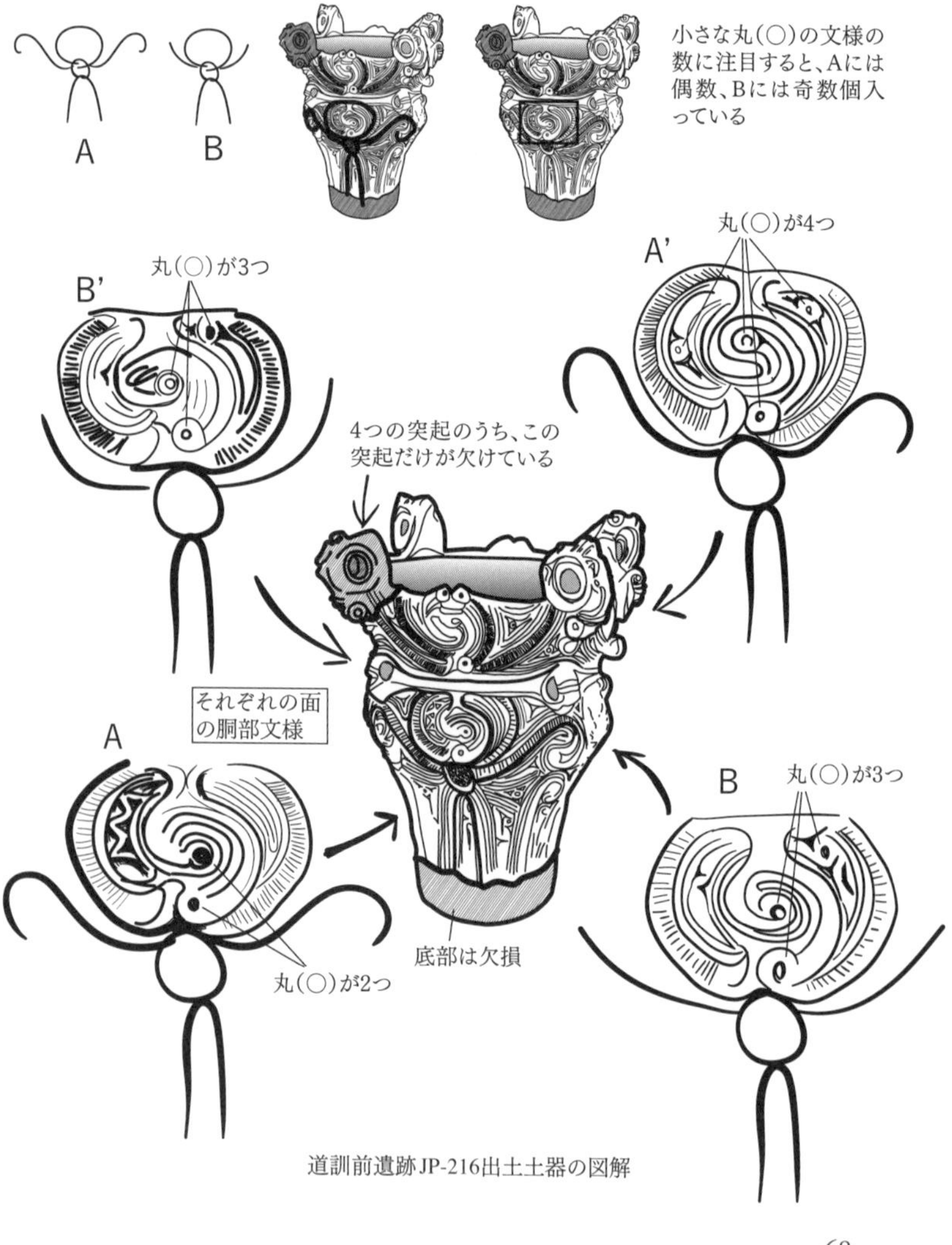

小さな丸（○）の文様の数に注目すると、Aには偶数、Bには奇数個入っている

道訓前遺跡JP-216出土土器の図解

としたら間違った復元ということになってしまう。このように縄文人は文様を繰り返すとはかぎらないので、復元には慎重にならなくてはならない。

縄文人は文様で遊ぶ？

違う要素の文様を対立的に配置する傾向が縄文土器には見られる。差が激しいものを並べることでダイナミックな造形になる。次に紹介する土器も四方向で微妙に図が変容していく文様である。縄文人が、当時のよくある文様を用いて、少しずつアレンジを変えることで「遊んでいる」のではないかと思われる例である。

埼玉県北本市デーノタメ遺跡の7号住居跡から出土した浅鉢形《あさばちがた》土器は、口縁に山形の突起が四つ付く。この突起は大小のセットで「大波小波」あるいは「大きな山と小さな山」のようであり、口縁の内側を見ると二つの土器が重なっているような二重口縁で、口縁が重なる珍しい土器であるように思う。胴部文様は四つの突起の下に眼鏡状の二重の円環が付き、その下にもう一組円環が付く、計四つの円環が連なっている。

この円環には何本か隆線が接続し、何かの生き物のように見えてくる。私はこれを単純に「生き物」とは考えないが、一見すると、手足を伸ばし踊っている人物のようにも見える。突起の大きい三角が頭に見え、その直下の円環が顔、そこから出ている隆線が腕に見え、その腕のなかの一本が口縁の小さな突起につながる。まるで「ヤア！」と片手を上げた「人物」が四方向に繰り返し現れるというように見える。腕は合計六本出ていて、興福寺の阿修羅象のような手である。

埼玉県北本市デーノタメ遺跡7号住居跡から出土した浅鉢形土器（埼玉県北本市教育委員会提供、著者撮影）

またあるいは、二重になった突起は「生き物」のようなものが（まるで肩車のように）重なっているようにも見えなくもない（同様の視点で先のJP—216の土器をみるとAとBとした文様の上にも腕を広げた「何か」が乗っているようにも見える）。こうしてみると、二重口縁は珍しいと書いたが、実は縄文時代中期の土器は二層構造であるのかもしれない。

四方向で少しずつ違う文様となっていて、仮に「人物」として眺めてみると、四人の人が踊っているようで、アンリ・マティスの《ダンス》を思い起こす。しかも四体の人物は少しずつ変化しているので動いているようにも見える。四方向をそれぞれA～Dとし、一つひとつ見てみる。

最も残存が良い部分をAとする。もし突起の一つが欠損していて復元の必要があれば、この部分を参考にすることになる。眼鏡状円環は下部が少し左に流れて、右側小突起につながる腕が出ており、動きが現れる。小突起に繋がる腕はA～Dで共通である。胴に見える円環の下に二本の隆線が接続され足のように見えるが、隆線は閉じていて円である。

Aの右側をBとすると、この部分が最も劣化が激しく欠損している。欠損してはいるがキワの部分が形を指し示すので、なんとか推定可能であり、右側に流れる大きな動きを見せる文様となっているようである。足は二本付いているように見えるが、胴についているのは一本だけで、二

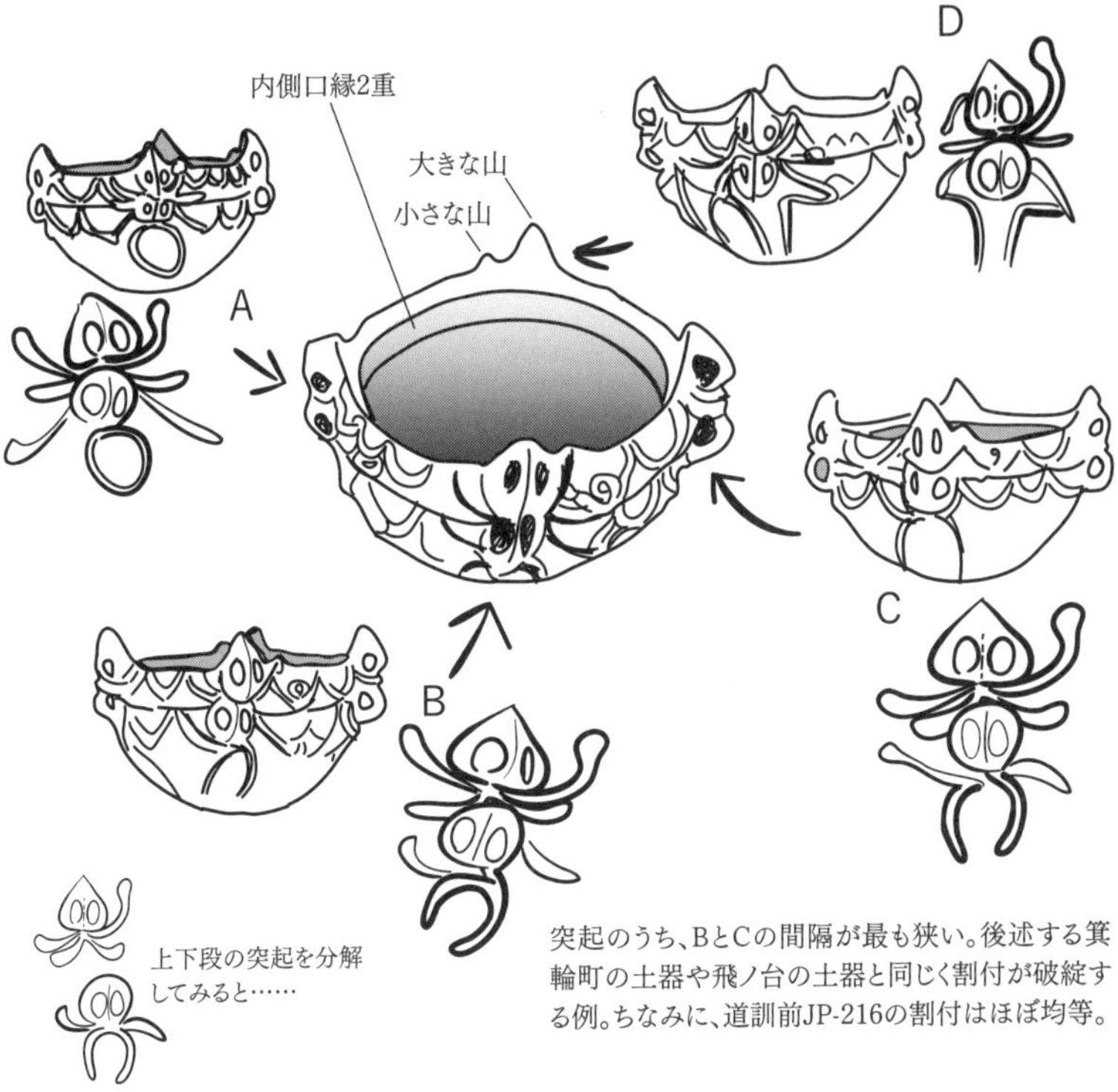

突起のうち、BとCの間隔が最も狭い。後述する箕輪町の土器や飛ノ台の土器と同じく割付が破綻する例。ちなみに、道訓前JP-216の割付はほぼ均等。

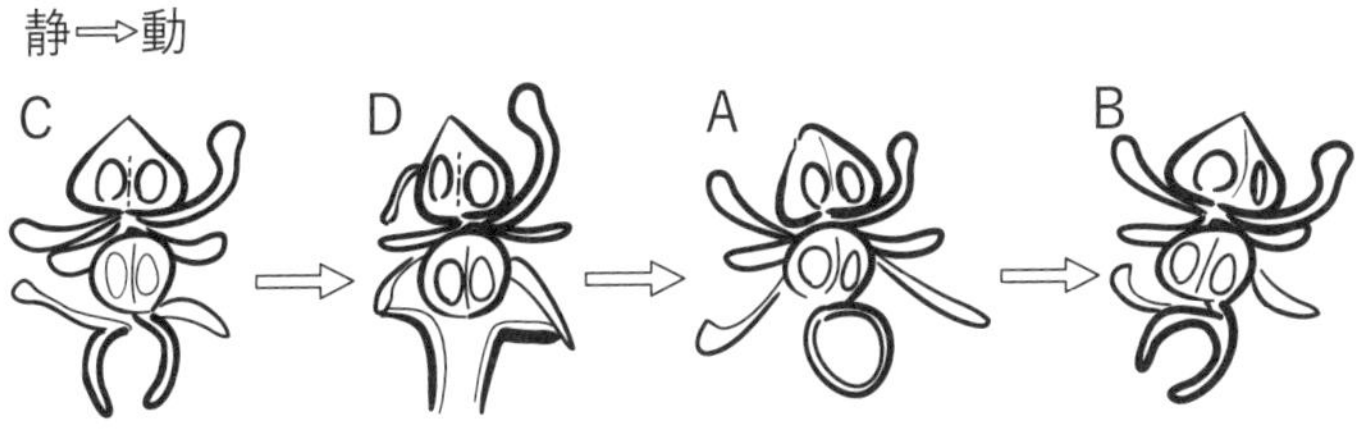

埼玉県北本市デーノタメ遺跡７号住居跡出土土器の図解

本目の足はもう一本の足の付け根に接続している。さらに腕の一本はこの足から出ている。見た目は手足のある動物のように見えるが、足に腕が付いていることになり、この文様が「生き物」を表してはいないという理由なのだが、遠目にはAと同じ生き物に見える。

Bの右側をCとすると、突起が失われているが下の円環部分は残る。Cの文様は一番動きが少なく落ち着いている。足も一見付いているように見えるが、実は完全に接続するのは一本だけで、二本目の足に見える隆線は左隣に施文された文様の一部が足のように見えるだけである。残りのDも動きは少なく、この面の「生き物」には足が無い。両隣の文様が足に見えるだけである。

これらA～Dの文様の「足」について見てみると、あくまでも私の仮説だが、この土器の作者は意識して人体に見えるように施文しているように思える。Dに至っては足をつけてもいないのだが、この主文様と思える部分は意識して見なければ、足がついていると思うだろう。この土器（の作者）は意識的にこのだまし絵的な部分を作っている。というのは、この文様は細い粘土紐を貼り付ける、あるいは指先で摘み上げる行為が必要で、この作業は鉛筆で自由に絵を描くような無作為な線は引けない。これは「人体文」ではなく「人体に見立てることができる模様」で、この土器の作者は既存の文様要素を使って「見立て」で遊んでいるのではないだろうか。施文の作業中に、「人物に見えてきた」と楽しみながら作ったのかもしれない。この文様を分解すれば単なる円と曲線の二つに分かれ、文様から意味が剝奪される。これは、現代において電子メールなどで使用される「顔文字」が文字や記号の組み合わせで様々な顔の表情を表現し（見立て）、使われる文字や記号そのものには意味はないのと同じである。また、「生き物」に見えるこの文様には動きが見え、静から動になるように文様を並び替えるとC↓D↓A↓Bとなる。

一つの土器の中で文様の変化が起きていることが、この土器の興味深い点である。何かを形象していたものがだんだんと単純な形に抽象化していく。それとも抽象的な文様が具体像に成っていくのか……。ただ、具体的な像を文様で表現したのか、文様を配置しているうちに具体的な像が浮かび上がったのかは、現代の私たちにはわからないということである。

文様の図と地

もう一つ、縄文人の「無作為」と「意図的」との両方が現れていると思われる土器を紹介する。長野県箕輪町出土の有孔鍔付土器《ゆうこうつばつき》で、二匹の四本足の動物のような文様が付く（その動物が何かはわからない）。動物として見た場合、頭の部分の表現はそれぞれ○とV字の対立となっている。この動物の背中にあたる部分には、木の葉あるいは甲羅のようなものが付いている（甲羅ではないかもしれないが仮の呼び名として以下甲羅と呼ぶ）。○頭の甲羅は「この土器のテーマです」と言わんばかりである。その内容は「刻み（／／）、円環（◎）、三角（△）」で、これらは今まで見てきた土器にもみられる文様である。このうち「刻み」は地味であまり目につかない文様だが、縄文時代中期の土器にはよく見られ、縄文人はこの文様を大事に考えていたのではないかと思わせる。

その「刻み」に注目してみると、この動物のような文様はそれぞれ四角く囲まれた隆線の区画内に収まり、動物が「図」だとすると「地」を埋めつくしているのは刻みである。この刻みはそれぞれ三角や四角それから蕨手《わらびて》のような隆線文様で区切られた、小さな囲みで構成される。甲羅

長野県箕輪町上の林遺跡出土土器。何かの生物のように見える紋様が表裏に着く。頭の部分が丸(写真右)と三角形(同左)がある。左の写真では両側の円環の突起が見えているが、その裏側から見ている右の写真では円が見えにくい(箕輪町教育委員会、著者撮影)

の形は盛り上がって存在感があり、いかにもこの土器の主題のようだが、実は「刻み」がこの甲羅の輪郭を決めている。この刻みは地紋のように見えるが、よく見ると甲羅の線は「刻み」文様の方形に規定され、甲羅はあくまでも受動的に形を定められている。というのは、甲羅の輪郭線は微妙に揺らいでいるからである。甲羅には木の葉のように正中線があるが、この線で分けて左右対称にはなっていない。甲羅の形は不定形で「刻み文」によって浮かび上がる形なのである。

縄文人が、前述のデーノタメ遺跡の土器のように(あるいは顔文字のように)、「遊ぶ」ということがあるとしたならば、実は「地」のように見えている刻み文様こそが大事な文様なのかもしれない。少なくとも「地」のように見える文様も「図」と同レベルで大事な文様ではないだろうか。実物を見るとわかるが、この土器はとても精緻なつくりとなっており、よく言われる「縄文人はおおらかで文様は適当につけられている」という説も完全には否定できないが、歪んだ甲羅の形をこの土器の作者の力量を持ってすれば整えることはたやすいことだと思われる。前述の今村氏がいうように、この土器の文様も動物ではなく、施文ルールに則って作っていく過程で「生まれ出た」文様ともいえまいか。縄文土器は作者が作っ

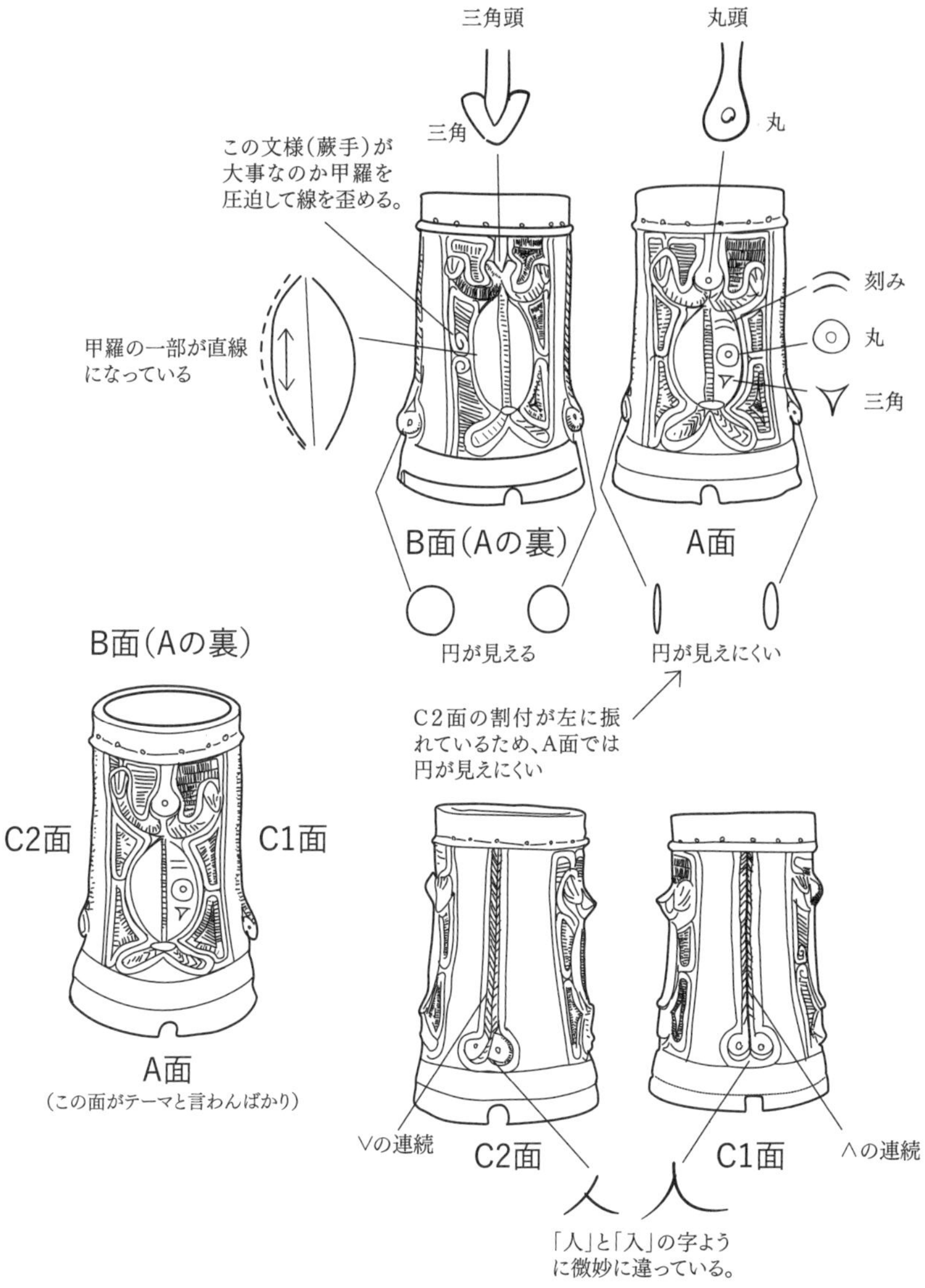

長野県箕輪町上の林遺跡出土の有孔鍔付土器図解

ているのか、それとも自動的に現れる現象なのか、あるいはその中間か。意識と無意識の間にあるのかもしれない。だとすれば、あまり文様に意味を求めても仕方が無い、ということにならないだろうか。

土器の文様が剝がされる（とられる）、繰り返さない文様、図の文様と地の文様の主従関係が反転する、という事例を見てきたが、その他にも、波状口縁で、視点を変えると三角になったり半円に見えたり、真上から見ると六角形に見えるが、横から見ると波に見えるなど、錯視で遊んでいるかのような土器もあり（九三頁参照）、そのような造形要素を把握している事が土器の復元作業には必要となってくるだろう。

3　考古遺物の複製そしてレプリカ

見取りと型取り

複製とは、一般的には、元のものと同じものを別に製作すること、製作されたもののことを言う。複製もレプリカも、私が仕事上よく使用する用語だが、前述した「修復と修理」と同様、はっきりとは定義されていないように思える。ただ、手法によって二種類に分けられ、原品を横に置き製作者の観察による「見取り」で製作する、あくまでも主観的な感覚で製作する手法と、もう一つは、基本的に原品からの「型取り」を行い、形体に関しては同じ形のものであり、客観的な資料（二次資料）となり得る手法で、考古学の分野では後者が多く採用されている。私は業務上どちらかと言えば、模造、模刻、模写（写真）などを含む大きな括りとして「複製」という用語を使い、そのうち、「型取り」の手法などにより資料となりうる精度を有するものをレプリカと呼んでいる。本章でもそのような意味合いで用語を使用するが、業界でも必ずしも明確に定義されているわけではないことを繰り返しておく（第三章の4節を参照）。近年では3Dデジタル技術の発達で新たな製作手法もうまれている。色についても彩色技術者による高精細な着色によって、見た目は原品とそっくりなものになる。

立体物のレプリカの製作工程は、まず最初に、対象物にシリコーンゴムを塗布して型を取り脱型する。次に、型に合成樹脂を流し込み複製品を取り外し、最後に本物を横に置いて彩色する。シリコーンゴムによる型取りの作業から始まるが、シリコーンゴムは硬化前は液状で、対象のかなり細かい部分に流れ込む。したがって土器のように表面に凹凸があるものの場合、どこまでも入り込み資料を破損させることにもなる。それを防ぐ為に錫箔を土器表面に貼りこみ養生し表面を保護する。錫箔は形に沿って伸び細かい形状によくなじみ、作業後には安全に剝がせる。伸展性という点では金箔も考えられるが、費用の点で錫箔が使われる。

資料を型から外す脱形作業時が資料を壊す危険性が最も高く、慎重さを要求される。もしも資料を壊す恐れを感じたら、シリコーン型の方を壊すこともある。胃が痛くなる作業である。

前述したように、本来は元のものと別のものをつくる複製の技術を、修復（復元）に使用することもある。土器の欠損部分を復元する際、残存部分を参照し、それを型取りし、復元部分を製作するが、それは本来はレプリカ作りの中心をなす技術である。残念ながら、欠損が多い土器の復元にこの技術を使用した結果、復元部分の割合が多くなり、残存部分も含めて全体がレプリカのようになってしまっているものもある。

複製の作成は、保存修復や治具の製作とならんで、修復家の重要な仕事であるが、そこにも様々な難題が潜んでいる。それについて考えてみることにしたい。

現状記録資料としての複製

そもそも複製を作る目的は何かというと、修復に先立って遺物の現状を記録するためという側面がある。一九九六年、文化庁・東京国立博物館共同で『美の再現―国宝の模写・模造』という企画展示が催され、その展示図録の冒頭に、複製が必要とされた理由が記されている。要約すると、「昭和二十四年の法隆寺の金堂壁画焼失という事件が契機になり、文化財関係者が現状を「写し取る」ということを第一目的に、さらに複製を作りながら「技法、構造、材質、技術」の調査、模倣を行うことで「技術の伝承」「修復技術が養われる」ことを期待し、複製製作事業が行われてきた」とある。また、建造物に付随した物も、複製を用いれば移動して展示できるという利点も挙げられている。

複製作成の役目として大きいのは、本物のバックアップとしての機能であり、資料として保存する、つまりアーカイブ化することである。よく知られる例として、高松塚古墳の壁画の複製があり、前田青邨氏、平山郁夫氏など日本画の重鎮が参加した模写である。本物は黒カビが発生し近年保存処置されたが、発見当時の複製があるということは今後も資料として参考になるだろう。

文化財の現状記録というと写真が多いが、より詳しい記録が求められる時には、型取りをして立体のレプリカを作成する。保存処理・修復を行うと現状の姿が大きく変わってしまう場合にも、模写など複製は価値ある二次資料となるだろう。また複製は、本物と違って必要に応じて自在に動かせるので、研究で明らかになった箇所など、見せたい部分を比較的自在に見せることも可能となる。

複製は、より多くの人へのイメージの伝搬役としての機能ももっと考えられると、美術史家の三浦篤氏は指摘する。一九五二年にルーブル美術館で『レオナルド・ダ・ビンチ頌』という展覧会が行われた。そこでは六十一点もの《モナ・リザ》の模写が展示された。三浦氏は「複製とオリジナルをめぐる考察」という論文で「おそらく、《モナ・リザ》を見てそれを手に入れたいと思った者、原作が無理ならせめて模写が欲しいと思った者は、他にもたくさんいたに違いない（中略）特に18世紀以前に需要が高かったことを物語っている。《モナ・リザ》のコピーはオリジナルの代替品となり、そのイメージの伝搬に貢献した」[13]と述べ、《モナ・リザ》が名品であることは知られているけれども、そのことを広く知らしめるのに、複製が大きく貢献したという。

イメージの伝搬ということで言えば、ポスターや図録の写真等も平面になった図像としての複製であると三浦氏は指摘している（「同論文」）。つまり我々は、展覧会に行く動機として、まず図像による複製を見て、良さそうだと判断した展覧会に本物に会いに行くという順で芸術作品を知るのではないかと述べる。だとすれば、昨今SNSなどで縄文土器の画像が多数見られることは、縄文土器ファンとしては嬉しいことではあるが、間違ったイメージが伝搬される危険性もはらんでいる。実際に私がSNSなどで見かけた例では、復元部分を本物と思い込んだ写真が拡散されているのを見て、焦れた思いになることもしばしばである。

デジタル技術によるレプリカ作成

近年発達著しい3Dデジタル計測と3Dプリンターの利点は、何と言っても資料に触らずに複製できるため、触ることができない脆弱な資料や宗教的な制約のある作品のレプリカ作りに向いている。しかし3Dプリンターで作成したレプリカは、シリコーンゴムでの直接型取り法に比べ、現時点では精度はまだまだ低い。シリコーンゴムの型は人間の指紋まで取れるぐらいの精密さであるのに対して、3Dデジタル計測によるデータの取得はすでに顕微鏡レベルまで詳細に読み取れるのだが、それを出力するプリンターがまだ発展途上にあるようだ。

3Dデジタル技術によるレプリカ作成の事例を紹介する。千

稲荷台遺跡出土の土師器の原資料(左)とレプリカ(右)。欠損部分を復元し消えかかった墨書きを強調している(市原市教育委員会、著者撮影)

葉県市原市稲荷台遺跡から出土した平安時代の土師器《はじき》は、器面に墨書が書かれている。表面の状態が劣化し粉状に風化しており、型取りすると墨書の表面が破損する恐れがあった。その墨書は貞観年間という表記があり、二〇一一年の東日本大震災の時に話題になった約一〇〇〇年前の貞観地震など、この年に全国で災害が多くあり、その際に祈りに使われたのではないかと考えられている遺物である。この場合のレプリカ作成目的は、劣化の恐れがあるため現況の記録、それから安全に、そして消えそうな墨書きを見やすくするための展示物である。

レプリカで構成する展示——複製とは何か、本物とは何か

興福寺の阿修羅像は製作当時の鮮やかな姿を複製によって復元されている。任意の時点に時を巻き戻し復元できるという点も複製の利点であろう。千葉県佐倉市にある国立歴史民俗博物館の展示に関して、同館職員の小島道裕氏は、作られた往時の姿と現在の姿の二点のレプリカを同時に展示し、資料の「生涯」、つまり作られてから現在に至るまでの経年変化が見える見せ方ができる点がレプリカの有用性であると説く(「原品と複製の間で」)。例えば、織田信長が岐阜城下の楽市に出した制札の現存資料は、経年変化で暗褐色に変色し、文字も読めない。そこで当時の姿を復元模造したものを再現展示すれば、貴重な歴史資料を、制札が出された経緯などとともに展示することができる。

その国立歴史民俗博物館は、展示をレプリカで構成する博物館として知られている。文化財は発見された当地に「現地保存」が基本とされるのが近年の原則で、昔のように地方のお宝を中央

に持ってきて展示することはできない。複製＝偽物というイメージが人々の間に根強くある中で、レプリカで博物館を作ることを方針としている国立歴史民俗博物館の取り組みは挑戦的である。新しく建設された収蔵資料の無い博物館において歴史を通史として可視化し立体物で見せようとするならば、手元に無い資料については「複製を利用する」ということを考える必要が出てくる。

ローマ時代にギリシャのブロンズ像を模倣して作られた大理石製の複製をローマンコピーと言う。ギリシャの彫刻はブロンズ製で、これは溶かされて再利用され現物は残っていない。現代にギリシャ彫刻を伝えているのは、実はブロンズとは異素材で作られた複製なのである。このふたつの話は、複製とは何か、本物とは何かを考えさせられる。

国立歴史民俗博物館の場合、資料が本物か複製かは重視しておらず、歴史展示は研究者の思考にたどり着くための装置であり、博物館は立体索引ではないかと小島氏は述べる。ここまで言い切ることができるのは、国立歴史民俗博物館で展示されているレプリカが本物と見まがう出来だからであろう。

レプリカを利用することによって複数の博物館で同一の資料の展示が可能になるが、その際に、それぞれの展示設計に相違がみられることがある。そのことがよくわかる例として、倉敷市の盾築神社にある弥生時代の石造物の事例がある。顔が彫ってあり、帯を巻いているような文様が施文された一抱えもある大きな石灰岩で縦横九〇㎝ほどある。この神社は弥生時代の遺跡の上にあり、件の石造物は御神体であるため動かすことができない。その石造物の複製が株式会社芸匠によって数個作られ、東京国立博物館では常設展示（二〇二三年現在）されており、以前は国立歴史民俗博物館でも展示されていた。

両博物館での展示の様子には興味深い差異が見られた。東京国立博物館では、どちらかといえば美術作品的な展示手法で、ライティングを工夫し雰囲気を出す展示となっている。周囲に鑑賞の邪魔になる物は置かれていないし、キャプションも少な目である。他方、国立歴史民俗博物館では考古資料として展示されていて、キャプションも多く、参考資料も周囲に並べられていた。美術作品的展示と学術資料的展示の違いと見えるかもしれないが、じつは東京国立博物館の展示も考古展示室における考古資料つまり学術資料としての展示なのである。興味深いことに、博物館の性格、学芸員の展示設計方針によって、同じものでありながら別のもののように見えているのである。

本物かレプリカか——博物館の役割と視覚偏重

博物館は、展示品に触ることができず、視覚によってでないと楽しめない場所で、人々にものを見せることで啓蒙するための施設であると、文化資源学を研究する木下直之氏は「博物館とレプリカ—視覚偏重の世界をつくる」という論文で述べる。二〇二二年に創立一五〇年を迎えた東京国立博物館では、開設当初からガラスケースが使われていたことを木下氏は指摘し、触れないで見るだけという現在の博物館の方針は最初から始まっていたのではないかと述べ、「ケースの中身が本物から本物と瓜二つのレプリカに入れ替わったところで、簡単には気づかない(14)」、そのような展示では本物かレプリカか、見分けがつきにくいことが難点だと指摘する。そして博物館にとってレプリカが必要な理由を次のように説明する。明治時代、社寺や大名に伝来していた宝物が、廃仏毀釈や大名家の廃止などで散逸し始め、この状況を止め、同時に物を収集・修復し保存管理することが博物館の仕事となった。さらに宝物を通して世の中の変遷を見せるという通史展示が博物館の役割の一つとされたが、当然シナリオ通りの資料が博物館に全て揃っているわけではなく、展示の説明に都合の良いものがあるとは限らない、欠落した資料を埋めるために複製（レプリカ）が必要だったと木下氏は述べる（同論文）。

触《さわ》れる複製の可能性

そんな視覚偏重の博物館だが、最近は触れる展示という動きもみられる。大阪の国立民族学博物館では、全盲の文化人類学者、広瀬浩二郎氏の提唱する「さわることができる展示、さわって分かる博物館」をテーマに二〇二一年九月に『ユニバーサル・ミュージアム―さわる！〝触〟の大博覧会』が開催されるなど、誰にとっても優しい博物館を目指すものとして注目を集めている。広瀬氏によると、ユニバーサル・ミュージアムとは「視覚に依存する従来の博物館、さらには現代社会のあり方を問い直す壮大な実験装置」[15]のことを指す。

私もこの展示に「さわれる考古資料」として、埼玉県北本市デーノタメ遺跡出土縄文時代の漆塗腕輪の複製を出品した。それは縄文時代後期の漆塗腕輪の破片と考えられる考古遺物を三次元デジタル計測器で測定して作成した複製であり、視覚的にも触覚的にも観察可能な資料として作成したものである。この資料を、触れることにも注目して、詳しく見てみることにしたい。

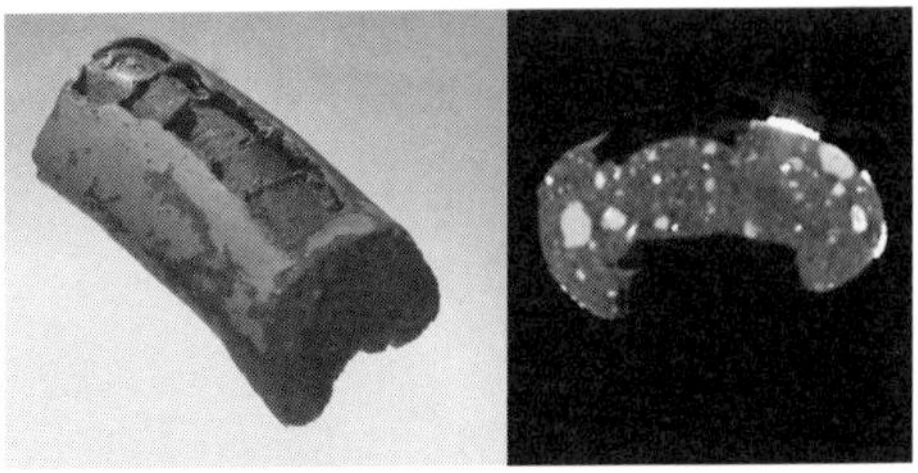

デーノタメ遺跡出土の腕輪の破片と考えられる遺物(左)とそのCT撮影による断面。何かが嵌め込まれた痕跡がみられる。白い粒子は砂利のような鉱物かもしれない。また白く明るい部分は比較的重い物質である。表面は水銀を含む朱である(CT画像撮影:東京国立博物館)

この腕輪が発見されたデーノタメ遺跡は、台地から低地にかけて広がる縄文時代中・後期の集落遺跡で、湧水起源の沼沢地の名「デーノタメ」から遺跡名をとる。同遺跡には、乾燥した台地にある遺跡では出土することが難しい、植物等有機質の遺物が遺されていた。遺跡の範囲に低湿地が含まれていたため、植物遺体、漆塗り土器片、木胎漆器等の遺物やクルミ塚等の遺構が出土しており、縄文人の食と漆の利用について考える上で良好な資料が豊富な遺跡である。

この遺物は長さ二一㎜、幅九・五㎜、厚み五・五㎜と、とても小さく、全体の形状は少し反り気味の断面楕円の小さな棒に見える。考古学者が縄文時代の腕輪と考えている遺物の断片であるが、あまりに小さいため全体がイメージしにくい。残存した破片の弧線を延長すると直径一〇㎝前後の輪となり、楕円であればもっと小さくなる。輪の内側は大きく抉られていて、ここには竹の繊維のようなものの痕跡が見える。表面は赤色の漆塗りで、乾燥による破損の恐れがあるため、本物は現在水漬けで保管されている。この状態では観察しづらいので、三次元計測技術を利用しデジタルデータを取り、複製と拡大模型を作成した。拡大縮小したり、縮尺を自由に選べるところがデジタルの利点である。

この3Dデジタル拡大複製品は、見ることを目的に作った物だが、大きくしたおかげで触りやすくもなった。この模型を見たり触ったりしていると、本物ではわからなかった部分が認識できるようになってきた。一つは、三倍に拡大したことでこの遺物の「重さ」を感じられるようになり、遺物の重心の位置がわかるようになった(原寸でもがんばれば重心の位置はなんとかわかる)。それに伴って、縄文人が製作した時の上面がわかるようになった。この遺物の断面は「卵形」で、卵形の太い方に重心があり、そちら側を下にするとテーブル上で立つ。複製品を触っているうちにわかったことである。

二つ目に、表面に何かの剝落痕があることがわかった。それは細い仕切りで区切られた湾曲した溝で、五つの窓状に連なる。この剝落痕が何に起因するのか考えてみる。酸性土壌の中で腐食し溶けて無くなったものかもしれない。そのような物質といえば、植物、骨や貝殻などのカルシウムを主成分とする物質が想定できよう。縄文時代の装飾品の中で四角くて断面は弧状のもの、あるいは筒状の物が半裁されたものかもしれない。思い当たるのがツノガイのビーズがあるが、ツノガイは縄文時代早期から晩期まで出土する縄文人にとってポピュラーな素材である。縄文人は使い慣れた素材を使い続ける志向があると私は個人的には思うので、件の腕輪の破片は、そのツノガイを加工したビーズの作成中に壊れた残欠の可能性があると考えている。

このような考察は拡大した複製の触察によってはじめて可能になった。3Dデジタル技術の開発がより活発化し活用されると、複製、レプリカは「触れる」ということが主流となっていくのかもしれない。

「クローン文化財」という新技術

触れる文化財としてさらにもうひとつ、東京藝術大学で開発された「クローン文化財」という特許技術を紹介しておく。開発代表者は宮廻正明氏で、この技術は３Ｄデジタル計測を行いコンピューター上で復元を行い、３Ｄプリンターで原型の作成を行う。この技術の肝は、デジタル技術と東京藝術大学が持っている鋳物、日本画、彫金など伝統技法を融合させることである。最終工程で人の手技、東京藝術大学で日本画や美術を学ぶ学生らが絵筆をとって加筆することがこの技術の重要な点で、その技術者の教育には最低でも五〜一〇年の修行が必要で人材育成まで行おうとしている点が重要なところである。

　これまで、私たちのような職人が作成してきた合成樹脂製のレプリカは、博物館で展示ケースやガラス越しに見るだけなら高精細な「写」となるが、成形されたものは基本的にプラスチック製品の異素材複製品となり、軽くて、手擦れでツヤが出て、触れば本物ではないことがたちどころに判ってしまう。

　それに対して「クローン文化財」と言う技術で作られる複製の利点は、３Ｄプリンターで作られた原型を使い、オリジナルと同じ素材でのレプリカを作成できる点である。同一素材で重量まで本物そっくりのレプリカを触った体験は、見るだけの時とは段違いの感動を覚えるという。

　しかし、そのことは必ずしもプラスばかりとは言えない。本物を超越することを目指す「クローン文化財」は、手触りまでそっくりでオリジナルと見分けがつかない。それゆえ悪用をされないよう厳重に管理しなければならないと宮廻氏も注意を喚起している。

「本物のレプリカ」

複製をできるだけ本物に近づけるべく、触らなければどちらがオリジナルかわからない水準で仕上げるのがレプリカ技術者である。文化人類学者の大塚和義氏は次のように述べる。

「日本におけるレプリカ製作の技術は、世界的に見てもトップレベルにあるといってよい。また活用の面においても、日本ではきわめて多用されるなど、世界の博物館のなかで特異な発展をとげてきたといえるであろう[16]」(『博物館学Ⅱ』)

高度に精細な複製品＝レプリカの場合、展示に際してキャプションに「複製」となければ本物と見間違えることがおこるのではと心配になるほどである。私の周りにいるレプリカの彩色技術者は通常、二㎝ほどの小さな土偶のレプリカでも数日間ひたむきに原資料にある色を細い筆で置いていく作業をする。暗い色、濃い色を置くと、明るい色には戻せないので慎重に色を合わせていく。失敗すると色を剝離剤で落として最初から作業することになる。相当な努力を強いられ、レプリカといえど、ものとしての価値は高いと思っている。本物に勝るはずも無いのだが、できるだけ本物に近いものを作れるようにとの想いが高じて「本物のレプリカ」ができないだろうかと夢想している。

私は複製製作に着手する際、依頼者から資料についてじっくり聞き取りをする。学術的な価値のある部分、美術的に美しくみえる部分など、何を見せたいか、どこに気をつけて製作するかを検討する。それが複製に反映されていなければ製作の目的を達成できていないということになる。国立歴史民俗博物館の小島道裕氏は、複製を作る際には原品に存在する資料的価値や魅力をできる限り読み取って転写することが必要であると述べる[17]。

「作業にあたる人間の認識したものを転写するという主観に頼る方法で行なわれていることが最も問題になると思われる。彼らは熟達した技術者であっても、その資料についての専門家であるわけではなく(中略)製作に際しては、その資料についての専門的な知識を持つ発注者(博物館学芸員)が立ち会うことが原則だから、その指示によって研究上意味を持つと認識されている点については正しく転写される(その努力がされる)はずだが、「研究上意味を持つ部分」すべてをあらかじめ把握することは不可能」(「博物館とレプリカ資料」)

何がそのものの大事な部分なのか、何が複製に反映されていれば優れた複製になるのか。また小島氏は、「本物」ということに関して、宗教学者の山折哲雄氏の「仮面をつくる」の一文を紹介しているが、それが印象的であるためここでも引用して紹介することにする。

「そんなあるとき私は、面に魂を吹き込んでもらいたい、という注文を出していた。細部にはあまりこだわらなくてもいいから、そのかわり型取り複製では絶対に表現できないような、そういう魂をそこに吹きこんでほしいといっていたのである。（中略）しばらくしてから、いくつかの面ができ上がってきた。聞き違えでなければ、Aさんはそのときこういったのである。

「精進潔斎して、これを打ったんですよ。」

私は当分、仮面の複製はこの魂吹きこみ方式でいこうと、思っているのである」[18]

山折氏のいう「魂」とは、「本物のレプリカ」を作るということを考える糸口になるかもしれない。「型取り複製では絶対に表現できない」とあるが、型取りされた整形物に彩色していて思うことは、型に出ている形以上の物は作り出せないということであり、限界を感じる。だとしたら「細部にこだわらない」本物を作る「魂吹き込み」を、どのようにレプリカに込めることができるか、これが今後の課題である。

縄文人の心に触れる楽しみ——あえて不完全を残す？

縄文土器の修復は各自治体でそれぞれの判断で修復されており、その修復された土器を見ると、仕上がりにばらつきがある印象を受ける。そもそも土器には個性が見られ、そのような個性豊かなものに対して統一的な修復の基準や原則を定めることは難しい。では縄文土器の修復に関して共通の指針を探すことは意味がないのかと言えば、そのようなことはない。文化財保存学で重視される「判別可能性」を守ることを、まず最低限の共通指針として再確認するだけでも、復元部分がどこなのかわかるようになり、復元の信憑性を保つことができるのではないかと思う。

どこが欠損していて、どこが復元部分なのかわからないような修復のほうが、むしろ考古学者にも一般の人々にも望まれているような現状があることについては既に触れたが、土器の復元部分が明確なほうが、土器から学ぶことが増え、土器を見る喜びが増えるのではないかと私は考えている。昨今、縄文土器ファンが増えてきたように思える。そのファンたちがＳＮＳ等で取りあげる土器の写真を見ていると、全国各地にはまだまだ知らない魅力的な土器がたくさんあることがわかるし、この人たちの報告がかなり高いレベルであることに気づく。しかし中には、欠損していて復元した部分の画像を示しながら「この土器が好き」と言っている場合もあり、修復に携わる身としては複雑な気分になる。これも復元部分が判別できなくなっていることから生じる誤解だが、もっと驚くことに、復元部分を観客の目にふれる正面にして展示している場合もあり、展示した学芸員もどこが復元された部分かわかっていないのではないかと思ってしまう。判別不能な復元を平気でできる人は、その土器を勝手に解釈して、縄文とはこういうものである、という決めつけをしているのではないかと思う。推定にもとづく復元よりも、出土した土器のありのままの姿を見ることの楽しさに縄文ファンが目覚めるならば、それは大変な知的財産になるかもしれないと私は思うのだが、どうだろうか。

二〇二一年秋に船橋市教育委員会が主催した講演会「縄文大学」を聴講した。講演者は千葉県で長年発掘に携わってこられた西川博孝氏で、細かく土器を見ながら淡々と事実の確認をしてい

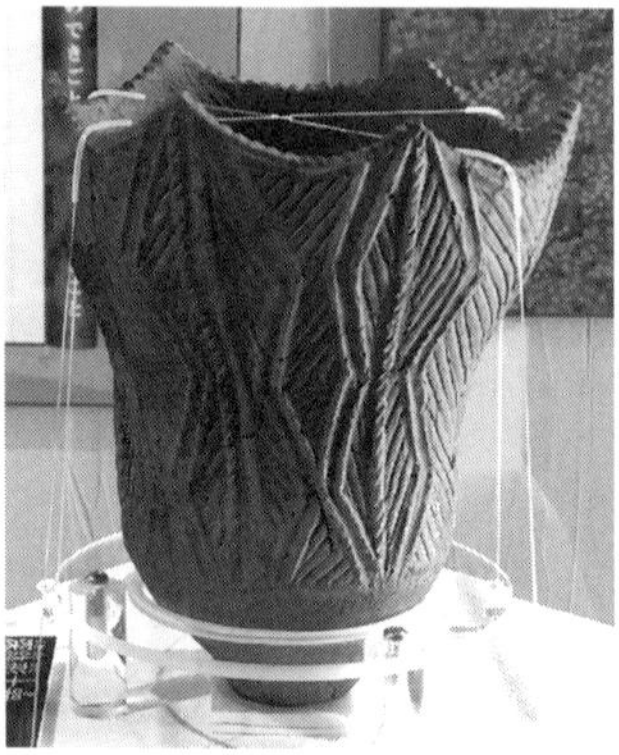

千葉県船橋市飛ノ台貝塚出土の縄文時代早期後葉の土器(船橋市飛ノ台史跡公園博物館所蔵、著者撮影)

くという内容で、楽しいファンタジーなどとは無縁だった。この講演会を一緒に聴講した私の妻は、文様を細かく追っていくことで縄文人の作業を辿れるような気がして面白いと感心し、早速、船橋市飛ノ台史跡公園博物館に足を運び、飛ノ台貝塚出土の土器を西川氏伝授の見方で見よう見まねで観察してみた。すると、六回繰り返す文様の中に一箇所だけ隣り合う文様が交差する部分を見つけた。その交差した部分とその反対側では文様のわずかな差異が見て取れる。もし仮にこの部分が欠損していたなら、反対側の残存部分からの推定復元で、間違った復元がなされたかもしれない。しかも、六単位の文様は器を上からみると六角形になっていて、辺の長さが違い、割り付けが均等ではない。このことは意外と多くの土器で見られ、土器作りを研究して土器文様を模写している人たちは気づいているという。そのように一箇所だけ不完全にすることについて、現代人の感覚で理解して、「割り付けが下手」あるいは「縄文人はおおらかだ」という話で済まされているように思うが、果たしてそうなのだろうか。例を挙げれば、前述の箕輪町出土の有孔鍔付土器の場合も一箇所割り付けがおかしいが、かなり精緻な造りで、いい加減な作り手とは思えない。茅野市の縄文のビーナスと呼ばれる国宝土偶の場合も後頭部右側の文様がまるで下書きで終わっているかのような線描きである。もしかすると土器

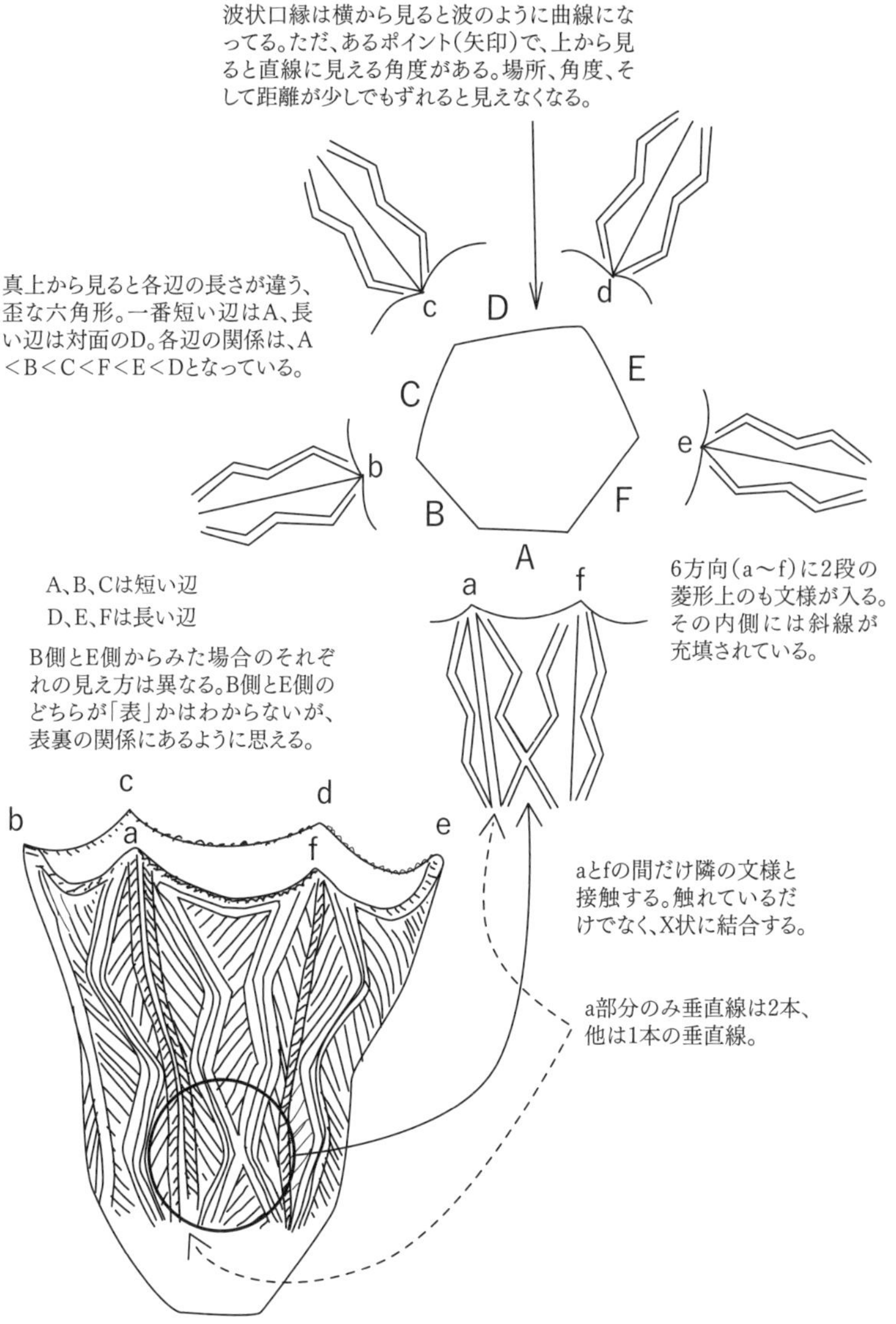
波状口縁は横から見ると波のように曲線になってる。ただ、あるポイント(矢印)で、上から見ると直線に見える角度がある。場所、角度、そして距離が少しでもずれると見えなくなる。
真上から見ると各辺の長さが違う、歪な六角形。一番短い辺はA、長い辺は対面のD。各辺の関係は、A<B<C<F<E<Dとなっている。
c
D
d
E
C
e
b
F
B
A
a
f
6方向(a～f)に2段の菱形上のも文様が入る。その内側には斜線が充填されている。
A、B、Cは短い辺
D、E、Fは長い辺
B側とE側からみた場合のそれぞれの見え方は異なる。B側とE側のどちらが「表」かはわからないが、表裏の関係にあるように思える。
c
d
b
e
a
f
aとfの間だけ隣の文様と接触する。触れているだけでなく、X状に結合する。
a部分のみ垂直線は2本、他は1本の垂直線。

千葉県船橋市飛ノ台貝塚出土土器の図解。
上から見た口縁の形と側面の紋様の模式図

や土偶の製作にあたって「不完全が必要」だったのかもしれない。

本章を通じて「判別可能性」の重要性を述べてきたが、私自身がこのことを意識して縄文土器を修復し始めたのは一九九九年ごろ、本書で紹介した道訓前のＪＰ―２１６出土の土器の修復に関わってからのことである。縄文人が意図を持って破壊したかもしれない痕跡が残っている土器の修復で、そのことを無かったことにして修復することは、この土器に込められた縄文人の気持ちを踏みにじることになりはしないか、という懸念が湧いたのであった。この土器に出会う前に私が修復した土器は、残存部分と復元部分の判別可能性が実はかなり低い。反省の意味も込めて記しておこうと思う。

最後に、本章に記した内容は、二〇一六年（平成二十八）、特定非営利活動法人文化財保存支援機構（ＪＣＰ）による文化財保存修復を目指す人のために開講された「文化財保存修復専門家養成実践セミナー」で話した内容をもとに再構成し、大幅に加筆、修正したものである。記して感謝の意を表したい。

〈註〉

（1）四つの基本原則（ジュゼッピーナ・ペルジーニ「美術品修復の理論」）は、文化庁修理技術者講習会にて紹介される。田口かおり氏の『保存修復の技法と思想』ではこの四つの原則を基軸に文化財の修復を論じる（田口かおり二〇一三：三〜一七頁、論文中、註に記載されているのでそちらも参照）

（2）北野珠子氏の翻訳より

（3）ブランディ二〇〇五：一〇九頁

(4)同書：一一九頁
(5)同書：一二五頁
(6)同書：五一頁
(7)三浦定俊二〇一〇
(8)栗原裕司二〇二一：一三三頁～一三四頁
(9)青木繁夫・平尾良光・門倉武夫・犬竹和一九九〇：六九～八五頁
(10)「縄文土器・土偶が変造されている！」サンデー毎日二〇一五年七月一九日号
(11)今村啓爾二〇一〇
(12)土肥孝・中束耕志・山口逸弘一九九六：四三～七〇頁
(13)三浦篤二〇〇六：五頁
(14)木下直之二〇〇六：六五～六九頁
(15)広瀬浩二郎二〇一六：九頁
(16)大塚和義・矢島國雄一九九一：九三頁
(17)小島道裕一九九三：四四三～四六〇頁
(18)山折哲雄一九八四

〈文献〉

青木繁夫・平尾良光・門倉武夫・犬竹和　一九九〇　「新設脱塩装置について」「保存科学№29」国立文化財機構東京文化財研究所
石原道知　一九九九　「土器の修復技術」東京大学原子力研究総合センター、東京大学アイソトープ総合センター、東京大学埋蔵文化財調査室『第1回考古科学シンポジウム発表要旨』
石原道知・木村直子　二〇〇一　「合成樹脂を使用した土器の補強、復元保存について」北橘村教育委員会『道訓前遺跡』

今村啓爾　二〇一〇「縄文土器と芸術的創造」『考古学ジャーナル№597』ニューサイエンス社
大島孝博・石原道知・近藤敏　二〇一四「3Dプリンターを用いたレプリカ作成の事例報告―市原市稲荷台遺跡出土記年銘土師器皿」『第36回文化財保存修復学会発表要旨集』
大塚和義・矢島國雄編　一九九一「レプリカ資料と博物館」『博物館学Ⅱ』放送大学教育振興会
忍澤成視　二〇一一『貝の考古学』同成社
神庭信幸　二〇一四『博物館資料の臨床保存学』武蔵野美術大学出版局
木下直之氏　二〇〇六「博物館とレプリカ―視覚偏重の世界をつくる」『レプリカ―真似るは学ぶ』INAX出版
朽津信明　二〇一二「日本における近世以前の修理・修復の歴史について」「保存科学№51」国立文化財機構東京文化財研究所
栗原裕司　二〇二一『博物館の世界』誠文堂新光社
小泉好述　二〇〇二「高崎情報団地Ⅱ遺跡出土の縄文式土器表面の赤彩顔料分析」『高崎市情報団地Ⅱ遺跡』高崎市教育委員会
小島道裕　二〇〇六「原品と複製の間で」『レプリカ―真似るは学ぶ』INAX出版
小島道裕　一九九三「博物館とレプリカ資料」『国立歴史民俗博物館研究報告第50集』国立歴史民俗博物館
沢田正昭　一九九七『文化財保存科学ノート』近未来社
田口かおり　二〇一三「保存・修復とドキュメンテーション―イタリアの例を中心に」『アート・ドキュメンテーション研究№20』
田口かおり　二〇一五『保存修復の技法と思想』平凡社
角田真也・神戸聖語　二〇〇〇「高崎情報団地Ⅱ遺跡出土の彩色土器について」考古学ジャーナル№454
土肥孝・中東耕志・山口逸弘　一九九六「紋様を剝された土器―縄紋時代中期の土器廃絶例について」財団法人群馬県埋蔵文化財調査事業団『研究紀要13』
西川博孝　二〇二二「海老ケ作貝塚第14号住居址出土土器(1403深鉢)について」『飛ノ台史跡公園博物

館紀要』船橋市飛ノ台史跡公園博物館
長谷川福次　二〇一八「展示考古遺物の復元の考え方についてー道訓前遺跡出土の2つの焼町土器の復元事例から」『明治大学学芸員養成課程紀要』明治大学博物館
早川泰弘・髙妻洋成・建石徹　二〇二二『文化財をしらべる・まもる・いかす—国立文化財機構 保存・修復の最前線』アグネ技術センター
原祐一・石原道知・堀内秀樹二〇一〇『東京大学追分国際宿 舎(組屋敷跡)から出土した剪定鋏の保存処理と展示』文化財保存修復学会第32回大会発表要旨
比佐陽一郎　一九九七「埋蔵文化財の修復に関する一試論(土器類を中心として)」日本文化財科学会第14回大会研究発表要旨
広瀬浩二郎　二〇一六『ひとが優しい博物館』青弓社
ブランディ、チェーザレ　二〇〇五『修復の理論』小佐野重利監訳、池上英洋・大竹秀美訳、三元社
堀江武史他　二〇〇九「東京大学浅野地区出土弥生土器の修復—最小限の修復への取り組み」文化財保存修復学会第31回大会要旨
松井敏也　二〇〇九『出土鉄製品の保存と対応』同成社
三浦篤　二〇〇六「複製とオリジナリティをめぐる考察」『レプリカ—真似るは学ぶ』INAX出版
三浦定俊　二〇一〇「文化財保存に関する倫理規定」『文化財保存修復学会誌第55号』文化財保存修復学会
三浦功美子・嶋根隆一・石原道知・山崎真紀子・武田恵理・中右恵理子　二〇一九「「修復のお仕事展」10年間の活動報告—文化財保存修復各分野の普及と連携への取り組み」『文化財保存修復学会第41回大会発表要旨集』文化財保存修復学会
宮廻正明　二〇一八「クローン文化財—法隆寺金堂壁画・釈迦三尊像の再現」『学士會会報№928』
山折哲雄　一九八四「仮面をつくる」『歴博7』国立歴史民俗博物館
Langle, Ségolène Bergeon and Brunel, Georges 2014 La restauration des œuvres d'art Hermann.
〈雑誌〉

「サンデー毎日」二〇一五年七月一九日号

〈ウェブサイト〉

イコム職業倫理規程（２００４年10月改訂）国際博物館会議（https://icomjapan.org/wp/wp-content/uploads/2020/03/ICOM_code_of-ethics_JP.pdf）最終アクセス二〇二三年五月一七日

国際博物館会議 第10回コペンハーゲン大会、文化財保存修復家職業定義（https://www.icom-cc.org/en/definition-of-the-profession-1984）最終アクセス二〇二三年五月一七日

文化財保存修復学会「文化財の保存にたずさわる人のための行動規範」（https://jsccp.or.jp/abstract/regulate_08.html）最終アクセス二〇二三年五月一七日

〈報告書〉

『上の林遺跡』長野県箕輪進修高等学校、箕輪町教育委員会編、二〇〇九

『高崎市情報団地Ⅱ遺跡』高崎市教育委員会、二〇〇二

『デーノタメ遺跡総括報告書』（北本市埋蔵文化財調査報告書 第22集）北本市教育委員会編、二〇一九

『道訓前遺跡』北橘村教育委員会、二〇〇一

〈図録〉

「国宝土偶展」文化庁、東京国立博物館、二〇〇九

『美の再現—国宝の模写・模造』文化庁、東京国立博物館、一九九六

『ユニバーサル・ミュージアム—さわる！〝触〟の大博覧会』小さ子社、二〇二一

『ルーブル美術館展　古代ギリシャ芸術・神々の遺産』日本テレビ放送網、二〇〇六

第二章　修復からみた縄文土器の「わからなさ」

堀江武史

1　縄文とともに現代を生きる

「わからなさ」の魅力

私が入学した大学の考古学資料館の収蔵室は、十代の若造の目には新しいものであふれていた。縄文土器、石器、骨角器、貝類、人骨などとともに粘土、黒曜石、毛皮、骨、角などが置かれ、必要な時には触れることができた。ここでは実物資料を脇に置いて、実際に使える土器や石器を作ることができ、おかげで私は実物資料の観察・材料選び・製作・使用という流れを切れ目なく体験することができた。

　爾来三七年、修復家となった今も縄文に倦むことなくかかわり続けているのは、数々の遺物から垣間見える、私とは違う造形思考を知覚するからである。「わからなさ」の魅力と言ってもよい。生きるために作られた道具の生成には、なるべくしてなったかたちがある。石器などがその類でまだわかりやすいが、土器や土製品にはわからないものがたくさんある。社会の必要性から生まれたものとはいえ、私の知らない造形思考によるつくり手の感性と技術があのかたちをつくり上げたようにも思う。私の思考に多少の類似点があればつくり手ともわかり合えよう。しかし三七年、ものを知れば知るほどことが分からなくなっていくというのは、やはり思考の根が違うのだ。

　さて、縄文遺物はこれまで、縄文文化研究の拠り所となってきた。縄文文化研究は、出土データをもとにものや遺構を分析分類し、社会構造などを明らかにして人類の歩みを描き出そうとしてきた。先達の緻密で地道な調査と研究の積み重ねにより、少しずつ、しかし信頼のおける形で縄文文化が明らかになってきている。

　私の場合は修復家という立場から遺物を観察し、触れることによってつくり手の感性や技術を感受してきた。それをテキストという形ではなく、考古学から生まれるアートとして制作し、展示してきた[一]。アートならば世代や言葉を超えて問いかけ、気づきの場を提供でき、論考よりも感性や技術を伝えやすいと思うからだ。

一方で私は往時の人々の感性や技術につながるための考古学ワークショップを企画してきた。二〇〇六年から毎年参画してきた茨城県ひたちなか市埋蔵文化財調査センターでの「ふるさと考古学――遺跡と人のワークショップ」（トータルコーディネイトはイラストレーターのさかいひろこ氏）では、単なるものづくりや教育的なものではなく、正解の出せない考古学を「ともに考える」ことを最も重視する。時には地元で出土した石器と、地元で生産される最新鋭の電動工具を手に取りながら参加者とともに考えてきた。小学生だった参加者が大学生となり、考古学やアートを学んでいるというのを聞くのは喜ばしい限りである。考古学的なアートもワークショップも、現代を生きる手がかりを与えるものと私は信じている。

文化人類学のティム・インゴルドは文化人類学的な研究の成果が、必ずしも文章で記述される必要はないと考え、スケッチや絵画、彫刻、工芸品、楽曲、建築で示すのはどうか、と問いかけた[2]。また彼は文化人類学を、「世界に入っていき、人々とともにする哲学」と定めた[3]。この思考は縄文考古学を現代と照らし合わせ、未来に活かそうとする私の方法論と響きあうものである。

私の稼業は埋蔵文化財の修復や複製、模造である。とくに触手が動く対象は縄文時代の遺物だ。実物に触れることで、つくり手の感性は感受できる。だがそれは「わかる」こととは別である。縄文遺物の特徴は非写実性にあると思うのだが、現代人はこれに写実的で具体的な見立てをしてわかろうとしている。社会的背景や動機という見えないことがものを生み出している場合、もののかたちだけみてことが「わかる」とはなかなか言えないのではないだろうか。実はこの「わからなさ」こそが、縄文土器修復の困難性の一因でもある。そして「わからなさ」の原因が、私たちにはなじみの薄い造形思考、生成過程にあるのではないか。本稿ではその推測をしてみたいのである。

2　修復における厄介な問題

修復を行うのは誰か

みなさんは博物館などで展示されている縄文土器をご覧になったことがあるだろう。そこには明らかに壊れていたものを組みたてた土器と、一見壊れていないかのように見える土器とがあるはずだ。実際、縄文土器は壊れずに出土する例は稀であり、かつ破片が不足なく見つかるのも稀である。本稿で述べる縄文土器の修復とは、破片を接合した上で不足した部分を補って着色し、できる限り元のかたちに戻す作業を言う。一見すると壊れていないかのような土器に仕上げるのである。接合してできた溝や補填して彫刻する部分には主に合成樹脂が使われる。修復を前に、欠損した部分をどのように補うのか、どこまで手を入れるのかを検討するが、これを修復計画と言い、その内容は主に所蔵者が監修者となって決め、修復家はそれに従って作業を行う。縄文土器の修復計画に関するガイドラインはなく、様々な仕上がりの修復品が出来上がっているのが現状である。失われた部分を作る場合は、残存する部分を反復させたり、他所で出土した土器を参考にしたり、いわば「複写」と「貼り付け」の方法で造形することが多い。こうして補填した部分を着色して完了となるが、色合いを実物に似せるか否かの判断は修復監修者によって異なる。

共繕い

土器などの修復の仕上がりの一つとして修復家の間で「共繕《ともづくろ》い」と呼んでいるものがある。同一個体の破片を接合して組み上げ、欠損した部分を実物のように補って着色したものをいう（ちなみに「呼び接ぎ」と称される技法は複数の別個体を巧みに接合してあたかも同一個体のように仕上げたものをいう）。これにより接合痕跡はあいまいになり、実物と補填した部分とは判別不能となる。一見、欠けのない完形品のような仕上がりになるのだ。以前に比べれば共繕いの語が交わされる修復は少なくなった。しかしながら結果的に補填した部分の判別が難しい修復は過去にも、そして現代においても行われている。壊れて汚いものだった土器片に、鑑賞に堪えうる価値を付与するといってもいいだろう。それは考古学的な「資料」から美術的な「作品」への変容を企図するようでもある。壊れる前の状態、縄文人の手仕事の確かさを視覚的にアピールするには有効な手段である。また縄文時代を負のイメージではなく、技術力が高く創造性に富んだ豊かな時代とのイメージへといざなう、所蔵者側の善意といえるかもしれない。しかしこの善意がそのまま良好に推移するかどうかも注視してみる必要があろう。

東京都宮下町遺跡で出土した縄文時代中期の土器の修復が騒動になった事例を挙げて問題を提起してみたい。この土器はほぼ全体が縄文だけで施文され、最も際立つ唯一の把手(突起)が「ヘビ」のように見えるものである。まずはこの土器について一九七五年刊行の『日本の美術2 縄文式土器』で解説した考古学の江坂輝彌氏のテキストから紹介すると「獲物をねらって、今にも飛びかからんばかりのマムシの姿をたくみに表現した環状把手は、作者がマムシの習性を、よほど理解していないとできない作品である」[4]とある。縄文人が「ヘビ」を、それも「マムシ属」を表したとする江坂氏の解釈は極めて写実的である。この書籍が刊行される前年の一九七四年、本土器は国指定重要文化財に登録されたが、八二年に指定が解除されてしまう。把手の部分が陶芸家の焼いた復元品であることを毎日新聞社がスクープしたためと言われている。解除翌年の八三年の江坂氏の論考によれば、この土器に関する事実は指定前から関係者には知られていた、というのである。[5]また、実物の「脆くぼろぼろになった蛇体把手」の存在も指摘している。つまり、模造の把手と知りながら文化財保護審議会は重要文化財と決定し、江坂氏は自著でマムシの土器として紹介したのである。実は、この把手をあたかも実物のように見せていたのは復元の出来栄えもあるが、その把手の下部にある別の修復部分では明らかに実物とは異なる質感の材料が補填され修復されていたからである。つまり、把手部分とは違って、修復された箇所と判別できる仕上げになっていたのである。江坂氏はスクープから指定解除までの経緯に納得がいかない様子で、復元補修した塩野半十郎氏、把手を焼いた雲雀民雄氏の仕事に対して「全く悪意はなかったことで、善意の仕事である」と述べて擁護している。

この土器にまつわる一件を俯瞰すると、壊れていた土器を整えて繕い、多くの人に見て知ってもらいたいとの江坂氏の熱意とともに、土器に対する愛情のようなものさえ伝わってくることから、関係者に悪意があったとは到底思えない。ただしそれとは別に気にかかるのは、主役ともいえる把手が現代の製作物であることを明らかにせずに論考を書いている江坂氏のスタンスである。把手の事情を知っているのは関係者だけでよい、ということになってしまう。復元した把手が実物とどれほど似ているのかを、私たちには判断することができないのである。また、仮の話だが修復監修者が「マムシ」と一言添えるだけで、技術者はマムシをイメージして造形するだろう。これでは縄文人の思考との確証のないまま江坂氏のテキストにそった造形になってしまう。この状況では、江坂氏がマムシとまでいうテキストを受け入れるわけにはいかないのである。結果として騒動が示すのは、江坂氏と文化財保護審議会が「復元した場所を明示する必要はない」という見解を一度は表したことである。

現在、共繕いに近い土器や土偶は著名な出土品に多く見られ、現代人が補った部分を目視で確認することは難しい。しかも、そのことを示さずに本や様々なメディアなどで取り上げられ、結果的に縄文ファンを失望させてしまう事例を私はいくつか耳にしてきた。共繕いに近い遺物の所蔵者は、その展示や提供方法について今一度考えなおす必要はないだろうか。多くの人に見てもらうために、欠失のないような修復で提供したいとの思いは理解できるが、それは一方で修復箇所の提示の消極的姿勢につながる。共繕いによって一度つくられたイメージを、修復のやり直しで壊してしまうのは勇気のいることだ。だが、なぜこの部位が無いのか、それがどんなものだったのかを鑑賞する人たちが想像できるようなものに改められるならば、かえって遺物が活かされてくると思われる。修復のやり直しを、もっと前向きなものとしてとらえてみるのはどうだろう。また、やり直しが困難な場合でも、補填部分を着色する前の写真や調査報告書からの破片の情報、修復記録を誰もが知り得る形で公開する必要性はあると考える。なぜなら破片の遺存率と接合精度の高低によって器形と文様構成の信頼度に大きな差が生じるからである。

縄文土器修復の概要

土器全体の器形、すなわち底部から胴部を経て頸部に至る立ち上がり角度や、頸部から口縁部にかけての広がり具合は、口縁部水平の把握と、縦位《じゅうい》すべてに正確な接合関係の把握によってはじめて確定できる。接合関係が途切れていると器形も器高も推定となる。底部がない場合も当然器高に大きく影響する。欠損した突起や文様を復元する際も、その土器内の意匠を「複写」する方向になりがちだが、縄文人は微妙に変化させるので、複写した部分を正確な修復とは言い切れない。全体のかたち、器高、突起、文様の推定が同じ土器から不可能な場合は、他の土器の実物部分を模写するよりほかないのである。

すなわち破片の遺存率が高く、途切れのない接合関係のあるものほど信頼できる修復品といえる。一方遺存率が低く、接合関係の途切れたものはかなりの割合で推定が含まれる。その結果、修復家によって仕上がりに違いがあらわれる。修復や研究のために縄文土器を造形的に把握しようとする場合、共繕いの修復品の観察だけでは正確な情報は得られない。修復記録書や発掘調査報告書の図面と照らし合わせたうえで、修復品と向き合うことが必要となる。

ところで土器の修復は、すでに復元や修復されているものを解体することから始める例が多い。発掘調査者が発行する報告書には、破片が接合できた場合の土器の形状や法量を記載する必要がある。そのため、欠けた部分を調査者が石膏などのパテ状のもので充填して、一度は復元するのである。これとは別に経緯は様々であるが、完形品のように繕うことを目指すあまり、少々無理に修復されたものもある。こうした土器に歪みや汚損、再考すべき部分があって、このままでは展示に難があると所蔵者が判断した場合、修復家に解体、再接合を依頼するのである。

修復記録のない共繕いの土器の中には、接合部位に材料不詳の充填材が埋められ、欠損部位は本物のように造形された上に実物と同じ色合いで着色されているものがある。このような時はまずは充填された部分を見極めて取り除き、実物を壊さないよう分解していく。完形品のように見栄えの良い土器を解体すると、あまりにも実物部分が少ない、すなわち破片の遺存率が低くて愕然とすることがある。つまり以前の修復監修者、所蔵者の推測でつくられた部分が多いということだ。裏付けのない創作が含まれる場合は、その部分を排除するのが通例である。

接合箇所の角度も再検討する。もともと土器の破断面は脆弱な上に摩耗しており、陶磁器のように密着してつながるわけではない。個別の破片どうしは正確につながったように見えても、全体を接合して見渡すと必ず不整合が生じて来る。ここを少しずつ修正してフォルムの精度を高めていく。修復家の技量に左右される重要な工程である。こうして再修復されたものが、修復前に比べてフォルムや意匠に違いが出ることがある。通常、変更点については監修者と協議しながら作業を進めており、修復記録にその事由などはすべて記載する。修復前との違いを説明できる根拠を明確に残しておくことも重要なのである。

修復する度にかたちが変わる

広く知られている興福寺の阿修羅像の合掌する右腕は、実は肘から先がなかった。私たちが現在目にしている右手は明治時代に修理されたものである。本来の姿は合掌していないとする説がある一方、X線CTスキャン画像を検討した九州国立博物館は「合掌説」を主張している。[6] 二〇一七年に東京の朝日ホールで開催されたシンポジウム「阿修羅像を未来へ――文化財保護のこれからを考える」は示唆に富む。[7] 仏像修理は現状維持を基本とするが、興福寺管主の多川俊映氏は宗教者の立場から現状維持に疑問を呈し、礼拝対象の仏像を欠けたままにしてはおけない、と述べた。これに対して彫刻家の藪内佐斗司氏は、修理スタッフの感性や技量により仕上がりに違いが現れることを理由に現状維持を主張する。他方、東京文化財研究所保存科学研究センター長の岡田健氏は、現在確実に分かっている範囲は直し、将来新たに分かったらその情報に基づいて直す、この繰り返しが文化財保存の方向性であるとした。出色な発言をしたのはイラストレーターで仏像ファンのみうらじゅん氏である。例えば修理のたびに顔が変わると「俺が好きだった人じゃない」となるのは困る、というのである。

この文脈に近い縄文土器の事例を紹介しよう。再度の修復により口径、胴部のサイズが上がり、「土器が太ったと騒動になった」と週刊誌に報じられた縄文土器がある。[8] 山梨県津金御所前《つがねごしょまえ》遺跡出土の「顔面把手付深鉢形土器」（縄文時代中期）、いわゆる「出産文土器」だ。博物館や書籍では、把手を母の顔、胴部突起を新生児の顔に見立てて、出産場面を表わしているとの解釈が紹介される(9)。

私はこの土器の詳細な修復計画を知らない。実物を見ると補修箇所のわからない、完形品のような印象を抱く。前回の修復でも完形品のように見える仕上がりだった。破片が遺存する割合が高く、すべての破片に同一個体としての接合関係が明確であれば問題はないであろう。私がこの土器を所蔵館で実見した折のこと、合成樹脂のようなツヤを放っていて、一見レプリカに見えたので窓口で確認したところ、これが「実物」であり「修復によって補填された部分は多い」との答えが返ってきた。推測に過ぎないが、度重なる貸出しのために補填された部分がこすれてツヤが出てしまったのではないだろうか。

「土器が太った」と言うように、修復するたびにかたちが変わるのは、修復担当者の力量以前に破片の遺存率、接合率が低く、かたちを確定する情報が少ないことに原因があるのではないか。修復するたびにかたちが変わっては、その土器のファンにとどまらず、研究者の中からも困る人が出てこよう。こういう土器に対しては、より慎重な修復計画が望まれるところだ。

簡単ではない縄文土器の修復

破片が足りない、というのは出土した時点でわかる場合もあるが、より明確になるのが発掘調査報告書の作成時である。その遺跡からどんな土器が出土したかを詳らかにするために、調査者は接合できる破片を接着して組み上げていく。破片の不足した部分には石膏などのパテ状のものを充填して補うが、実物破片と同じようにつくり込むことまではしない。充填部の着色は撮影時のハレーションを避けるために行うところもあるようだが、基本的にはパテの色のままにしておく。これを計測し図面化した報告書が、考古学研究上の重要な資料となるのである。

このような状態の土器は実物破片と充填した部分が明確にわかる。これを考古学では「復元品」と呼びならわし、修復品とはあまり言わない。復元品はいわば調査資料の意味合いが強く、鑑賞するための見栄えまでを考慮した仕上がりにはなっていないが、そのままで博物館に展示されることも多い。一目瞭然に「壊れていたものを組みたてたもの」とわかる土器とはこれにあたる。どれだけ破片が足りないのか、どの部分がないのかが明確にわかるので、その視点で鑑賞してみるのも面白いはずだ。実は土器の研究者や修復家にとってはこうした復元品のほうが有難く、参考になるのである。

こうして一度組み上げられたものを分解して組みなおし、接合強度を高めて鑑賞に堪えうる姿にすることも修復家の仕事だ。破片の無い部分を推定して補い、つくり込んで、あたかも破片がすべてそろっているように仕上げることも可能である。このように書くと縄文土器の修復はさほど難しいことではないように思われるかもしれない。しかし歴史上の器の修復で、縄文土器ほど難しいものはないのではないかとさえ思う。なぜなら、理由は様々あるが、そもそも私たちの目の前に現れた時には破片が不足しているからである。そして不足した部分を彫刻して補うとき、それが残存する破片とどうつながっていくのか、見通しを立てづらいからである。というのは土器のつくり手が厳格な規格性を伴うことなく、非写実的であり、かつある種の規範を保ちながらどこかで自由にふるまう文様の施し方をするからである。造形思考を知らない修復家は、わずかばかりの補填部の彫刻に膨大な時間を費やすことさえあるのだ。

なぜ破片が「消える」のか

なぜ土器が壊れているのか。これは積年の土の圧力、使用中の過失、投げ込みや屋外暴露などの廃棄行為、意識的破壊行為などが挙げられる。壊れていても破片がすべてそろえば接合して完形品となるが、出土例は決して多くはない。破片が「消える」のである。それはなぜだろうか。

まず言えるのが土器の物性である。修復中に気づくことだが、同一個体の破片でありながらその硬さ、重さに違いがあるのである。一方は固くて丈夫なのに他方は表面が粉を吹いたように脆くて軽い、という具合である。縄文土器は焚火で野焼きしたものであり、窯で焼いたものに比べると焼成温度が低く、火のあたり方が均一ではない。つまり陶器や磁器に比べれば脆く、よく焼けていない部分がある。また、往時の使用による劣化も考えられる。水を入れて火にかけるだけでも土器は劣化していくものである。土器の底部付近が出土しない事例は、意識的に底を抜く他に、劣化を原因とする場合もあろう。つまり、土器の脆い部分だけが数千年かけて土に還っていった、という見方ができる。

また、破片を別の用途で再利用することが挙げられる。縄文人は丸く削って整えた破片を漁労用の「錘《おもり》」にしたり、接着剤であるアスファルト用の「パレット」としてきた。何かを盛る「皿」

のような使い方も想像できる。

今一つが粘土への混ぜ物としての利用だ。縄文人は土器の胎土に砂や雲母の他、獣毛、虫、種などを混ぜることがわかっている。混和は土の粘性を高め、造形を容易にする効果があるが、それだけとも言えず、信仰的な解釈をする研究者もいる。縄文時代前期の土器の胎土にはイネ科植物を入れた例があり、ケイ酸体が土器を固くするとの説がある。縄文時代草創期の岐阜県九《く》合洞窟《ごうどうくつ》遺跡の土器破片にシダ植物のトクサのような痕跡を見たことがある。意識的に混ぜたものかはわからないが、縄文人がトクサに含まれる多量のケイ酸体に何らかの効果を期待した可能性もある。そして、胎土の混ぜ物として細かく砕いた土器を使うことがある。私は新潟県岩野原遺跡の火焔型土器（國學院大學博物館所蔵）を修復中に、破断面の観察で土器を砕いたものが混和されているのを確認した。これは新潟県馬高遺跡出土の火焔型土器破片にもみられる。現代の陶芸材料に陶土を焼いて砕いた「シャモット」があるが、これを粘土に混ぜることによって乾燥時、焼成時の収縮によるひび割れやひずみを防ぐことができる。土器の破砕材も役割としてはこれに近いものではないだろうか。

もう一つは、目標と定めた部位を壊したり、破片を他所に移したりする縄文人のふるまいの結果である。土器の観察で気付くことの一つに、全体の保存状態が良い割には主要な部分だけが欠失している、ということがある。紐状にした粘土を貼り付けた隆帯文の一部や、シンメトリーに近接する部位の片方だけが、あたかも剝がされたように無いのである。火焔型土器には四つの突起がついているものだが、私が修復を手がけた新潟県堂平遺跡の火焔型土器では突起の一つが失われていた。突起だけが単体で出土するということもある。埼玉県の赤城遺跡では、縄文時代中期と後期の突起が土偶とともに出土している。意識的な剥ぎ取りやもぎ取りがあると仮定しても、その目的にまで言及することは難しい。先に述べた「底部のない理由」や「土器を混和材にする理由」を物性や機能性からだけでは説明し尽くしたことにはならないだろう。破片の欠失に縄文人の何らかの意識がかかわっている可能性もあるだろう。

3 「向こう合わせ」の造形

縄文土器に触れて感じる「わからなさ」

縄文時代一万年の間、土器のかたちは変化し続けた。地域や用途による違いなども加えると実に多様だ。研究者は時期、地域、種類によって土器の分類を行い、これをもとに遺跡の時期や集落間の交流などを推測してきた。

一方で、一般的な見方をするならば、縄文土器はどれも似ている。それはその時期、その地域のつくり手が器としてのかたちを守っているからである。しかし個別の文様の有り様はどこかを変えて作っており、実は同じものが無い。すべてに言えることではないが、つくり手は一つの個体の中で繰り返される文様の一部をあえて変化させたり、対称性を破ったりする（九三頁参照）。土器以外の土製品にもその傾向はみられ、岩手県萪内《しだない》遺跡の大型土偶頭部綾杉文の逆目や、千葉県江原台遺跡亀形土製品の文様内にある二か所の刺突は、目を凝らすことでようやく確認できる。また、縄文遺物全般からは非写実という性質が見てとれる。これらの事情は部品の多くが失われている土器を修復する際の、破片の無い部分の文様の施し方を想定し、確定していくことができない要因になっている。

先にも述べたが修復計画は実際に作業する修復家が策定するものではなく、所蔵者や研究者が監修者となって決める場合が多い。無い部分をどう補うかについて修復計画書が作成されるが、この時に最も重視されなければならないのが残存している土器破片の情報である。口縁部の部分的な厚みの変化、文様のズレ、沈線や隆帯の不連続性などの実物の情報である。はじめから同時代、同地域の類似した土器を参考に計画してしまうと、そのイメージが先行し、実物の情報を見落とす恐れがある。

やむを得ず、接合しない破片を「組み込む場所」や、破片の「無い部分」の造形を考えなければならないとき、同時代の近似する別の出土品を参考にして決めざるを得ないだろう。破片が近接して出土したからと言って同一個体である確証はないので、接合しない破片の扱いには十分な注意が必要だ。破片の立ち上がり角度、胎土、厚さ、色合いなどを厳格に精査し、破片をその場所に組み込むことの正当性が担保されなければならない。また、「無い部分」の造形もほかの出土品を単にまねるのではなく、実物破片の文様の流れに忠実に沿っているかどうかが重要だ。破片を「組み込む場所」や破片の「無い部分」の造形の決定に先んじるのは、修復監修者のイメージではなく、実物破片そのものが持つ情報である。無論、そのイメージ自体が現代人の解釈であることは避けなければならない。そして「無い部分」が「わからない」という事実は重要だ。何らかのイメージを先行させて破片を組み込んだり、無い部分をつくり込んだりするよりは、潔く破片が「ない」ものとして修復されたものの方が、実物を参考にする研究者や修復家にとっては有益なのだから。

　また、「ヘビ」などといった具体的な言い回しも実際の作業に当たる修復家にモチーフを与えてしまうので避けるべきである。修復家の多くは写実的な能力があるのでなおさら影響は大きい。江坂輝彌氏が活写した土器の名称は「蛇体環状把手付平底深鉢形土器」である。この土器にこの名称が付いて回る限り、修復家のイメージに「ヘビ」は当然付きまとう。具体的な動物名や様態を冠した土器を参考にして新たに土器を修復する際も造形に差が出てくる可能性を捨てきれない。

　江坂氏ばかりではなく、「ヘビやイノシシを土器に表した」との解釈は現代の考古学研究者も行う。研究者が言うのだから修復家はそれを素直に受け入れるに違いない。しかし別の解釈として、「ヘビやイノシシのようなものが土器から現れた」と言ったらどうだろうか。こうなると製作プロセスや思考がまるで違うことになる。つくり手、つまり縄文人が初めからヘビやイノシシを写し取ろうとしていないのならば、これを直す修復家もイメージを持たない方が良い。無論それ以前に修復家は表現者であってはならないのだが。わかっていないことはわからないままでいること、それがとくに縄文土器を修復する際に心がけたいことである。

私はこれまで修復家の視点で様々な縄文土器を見てきたが、常に感じるのは非写実性と予測不能な文様の施し方である。つくり手の意志や作法、その社会における明確な規範がわからない故に、無い部分を補うことにはいつも躊躇する。ところが所蔵者や考古学研究者は土器の造形を写実的に解説することを、意外なことにためらわない。断定的な言い方は避けるものの、モチーフが何で、どのようなシーンかについて言及する。専門家の言葉の影響は自分たちが思う以上に大きい。修復家や一般鑑賞者はこれを正しいものとして受け取ってしまうのである。さすがに「物語」にまで言及することは少ないが、確実性を伴わない解説であっても、そのまま鑑賞者によって「物語」に仕立てられていくものである。縄文時代中期の土器を「物語性文様」と名付けた考古学の小林達雄氏は「なりゆきに関与した者か、そのなりゆきを知るもの以外には、モチーフが意味する観念あるいは特定のモチーフが特定の観念を意味する関係を理解し得ない」として、物語の意味を今知る術はないと論じていることを付け加えておく[10]。

私は修復家や一般鑑賞者をその気にさせてしまう「名称マジック」が、実のところ縄文文化理解の道筋を違う方向へ向かわせているのではないかと考えている。名称の根拠へ遡ると、何らかの物事を写し取るというプロセスを前提にした「印象」であることがわかる。果たして縄文人も同様のプロセス、例えば動物やその様態を表すかのような経緯で土器をつくっているのであろうか。縄文造形の根拠については諸説紛々、百家争鳴である。ただ、諸説に共通するのは、何かを写し取ったものという観察者の視点、視覚を重視した考え方だろう。何をモチーフに、何を表しているのか、諸説の多くがその追求に終始していると言えるのではないか。

縄文土器の修復はその作り方や生成にまで立ち入らないと務まらない。そこには視覚的推測ばかりではなく、触覚的な推測も必要だ。例えば指先で整えられた口縁部や隆帯をつくらねばならないときは、遺存部分を執拗に触って確かめる。かたちの確認だけでなく、つくり手の手の動き方やスピードまでを推測し、いったん身体に記憶させてから造形作業に入るのだ。破片の「無い部分」をつくるためのわずかな根拠は、視覚だけでは得られないのである。そして結果的に、なぜここにこのかたちが来るのかという「わからなさ」がわかるのが縄文土器の修復なのである。つくり手の挙動を再読することで生じて来るのは、むしろこの「わからなさ」なのである。モチーフを決めて何かを表現するというような「わかりやすさ」が、土器に残された予測不能な挙動からはどうしてもうかがえないのである。

縄文土器の非写実性と予測不能性は修復上の困難性を生じさせる。一方で現代人はわからないままにせず、現代人らしく写実的にとらえてイメージを作り上げてきた。正解がないわけだから、それが正しくない、とは誰も言えまい。ただ、私は現代人と縄文人の造形思考にはかなりの隔たりを感じる。これは修復家なりの気づきなのではなかろうか。以下、現代人のものの見方を交えつつ、縄文遺物の非写実性と予測不能性の生成を「向こう合わせ」という言葉を用いて述べていこうと思う。

写実性のない縄文時代

写実絵画の無い時代、それは縄文時代である。では立体的な遺物は写実的だろうか。それが何を表しているのかを他者が認識でき、かつ共感できるものを写実的表現とするならば、そうした表現を縄文人は行わない。博物館や書物で遺物に与えられた具体的な名称や解説を読んでしまうと、つい写実的なものとしてとらえがちだが、それは現代人の「見立て」であり、実際に縄文人がそれを表したかどうかは定かではない。縄文遺物が写実的な傾向を示していないことは、同時代の海外の出土品と比べるとわかりやすい。ただ、私たちが何を表しているか「わかる」写実的な縄文遺物はないわけではなく、縄文人にその能力がないとは言い切れない。例えば子どもを抱く土偶（縄文時代中期・東京都宮田遺跡）や巻貝の土製品（縄文時代後期・新潟県上山遺跡）をみれば、縄文人が何を対象に写し取ろうとしたかは明らかだ。しかしその手のものは大変稀であり、何を表しているか「わからない」もののほうが圧倒的に多いことをここでは強調しておきたい。ごく稀に見られる土器や石に刻まれた絵のようなものは決して「上手」ではなく、当時、二次元的表現の熟達が図られていたとは言えないだろう。一方の「わからない」ものが、後述するように造形の熟達者の手によるものであることから、モデルの写しを至上とはしない、私たちとは違う思考の上に成り立っているものと私は考える。

縄文人が写実的表現をしない理由はわからない。民族誌で例えるならば、ブラジルの先住民ピダハン族のように写し取ったものを他者に伝える必要がない社会もある。写実的表現が社会にとって必要とされなければ、何かを写し取る行為は行われないとも考えられる。

「向こう合わせ」による非写実性の生成

ではいったい写実性のないものとはどのようにして生まれてくるのだろう。ものづくりの観点から見ていきたい。

ものづくりの過程には「こちら合わせ」と「向こう合わせ」があると私は考える。「こちら合わせ」の「こちら」とは「自分の側」であり、つくり手の強い意志が働く。その製品は「こちら」で用意したデザインやプランに基づいて意のままに仕上げられる。現代の製品やアートで多くみられる姿勢である。

ただし、ものづくりが発想から仕上がりまで一貫して「こちら合わせ」で推移するとも限らない。いったん「こちら」に合わせて整えた素材を規範（＝「向こう」）に準じて仕上げることなどであり、その逆もありうる。それゆえに、ものづくりのすべてを「こちら合わせ」「向こう合わせ」で明確に分類することはできない。仕上がったものの生成がいかなる過程を経ているか、「こちら合わせ」「向こう合わせ」のどちらを基本としているかは個別に判断することになる。「こちら合わせ」の特徴をいくつか列記してみると次のようになる。

- 能動的である
- 発想の段階で規範はなく、自由である
- 独創を目指す
- 自分を表現する

・作ろうとするものには既決したモデルやプランがあり、出来上がりの予想はついている
ただしつくり手にとってこのような自由なやり方がかえって自己を縛り、行き詰まりや閉塞感をもたらす場合がある。それは「自分」だけの発想には限界があるからである。また規範という拠り所のないアートでは、他者に不安を与えるものを表出することがある。

「こちら合わせ」の技術を思考的にみると、自然を人が意のままに模倣、改変、制御していこうとする姿勢を内包する。そこからは革新的と呼ばれるような、歴史に残る物事が生まれてきたことも事実である。現代の「こちら合わせ」の技術や技能は工業や工芸、アートでいかんなく発揮され、文化として定着を見せている。

縄文時代にも出来上がりの予想に基づいた製材作業のうかがえるものがあり、「こちら合わせ」を行っていたことがわかる。例えば、新潟県大武遺跡の木製脚付盤（縄文時代後期）は、丸太を必要な厚さと長さにカットした上で成形している。金属器のない時代にもかかわらず木目に対して直角に切り込んでおり、「こちら」の強い意志を感じる。縄文時代の木製品の完成度は高く、数をこなして熟度を上げていたことがわかる。木製品の多くは土に還ってしまうので、私たちが目にできない「こちら合わせ」の製品は実際には相当な数に上るのかもしれない。

腐らずにのこる石製品である玦状耳飾《けつじょうみみかざり》からも「こちら合わせ」の痕跡が見て取れる。希少性のある一つの母材を使って同じかたちのものを複数作る場合、同じ厚みで切り出していけば材料を無駄にすることがない。現代でも石の切断に使われているワイヤーソー（Wire Saw）に近いものとして、砂をまぶした紐を使った「糸切り技法」の痕跡が長野県藪沢I遺跡の二つの玦状耳飾の表

面にはのこっている。二つは同質の石材であり、ほぼ同じかたちと厚みで、おそらく同じ母材から同じ規格のものを糸切り技法で切り出している。[11] このようなことから「こちら合わせ」のために素材をいったん整えるやり方は縄文時代からあるものと考えられる。

大武遺跡出土の木製脚付盤
(新潟県埋蔵文化財センター提供)

他方、縄文時代の遺物にみられる「向こう合わせ」であるが、そこで言う「向こう」とは、ことでは規範、ものでは素材であり、「向こう合わせ」とは製作物に独創性をあからさまに表さない姿勢のことである。集団の中で一定の価値を共有した規範に基づいて、対象とする素材の持つ特性に沿う姿勢こそが「向こう合わせ」であり、そのような感性、技術、方法を縄文人は持っていたようだ。例えば、出土する土製品を見てみると、似たようなものは各地で出土するが、きわめて個性的な土製品というのがないのである。あれほど可塑性に富んだ自由度の高い素材である粘土を、好き勝手に造形して焼くことを彼らはしていない。仮に自由奔放な造形をしていたとしても、焼いて強度を高めることを彼らはしないのである。「しない」ということも一つの規範と言えるかもしれない。縄文土器でも同じ時期、同じ地域の器と違う、独創的な器形が出ることはほとんどない(ちなみに稀に見る規範のない「現代的な意味での創造的芸術活動に近い縄文土器」として考古学の今村啓爾氏が挙げたのが、縄文時代中期に八ヶ岳山麓に分布した藤内式土器である)[12]。縄文土器の文様についても好き勝手に付けているわけではない。厳格な規則性は見当たらないものの、単位として区画したうえで文様施文を行っている。文様配置、突起、把手、施文具の割り当て、素材などのように「こちら（自分）」では如何ともしがたい「向こう」、つまり変え難い事象が縄文土器からは見て取れる。

興味深いのは、つくり手が「向こう」に合わせつつも個人の独創とも違う、普遍性の中に意想外なものを出現させることである。これが修復家を悩ます予測不能性である。区画文様や突起を何かの生き物のようにしてみたり、一見同じ文様の繰り返しに見せながら実は違ったものにしたりする。例えば四つの区画のうち三つは同じ文様を繰り返しながら一つは違う文様を施文する。区画の一つが欠失していた場合の修復補填が容易ではないことがおわかりいただけるだろう。

土器を微細に観察して驚くのは、写実的モデルさえも思いつかないかたちを、確信的に迷いなく造形していく様である。そこには変幻自在の粘土を指先で瞬時に形を変えながら器面と一体化させていくかのような勢いがある。これを自分（＝こちら）の視覚的発想でまとめ上げるのではなく、規範・素材（＝向こう）を相手にして指先による触覚が作り上げていく造形と言いたい。後でも述べるが、例えば「蛇体文」土器と言われるものにしても、ヘビを取り付けるというプランをもとに土器を「外」から飾るのではなくて、規範に準じてつくるうちに規範の「中」からヘビのようなものが現れてくる、と言ったら良いだろうか。これ自体が規範として社会に許されるものとなれば、似たようなものが流行るということもあるだろう。さらに面白いのは、ヘビのようなものがついた土器がいくつかはあっても、全く同じものがないことである。どうも彼らは同時代に存在したであろう土器の写しすら行わないのである。似てはいるがどこか違うように作る、これ自体もまた一つの規範なのかもしれない。言うなれば「向こう」との協働は、同じものを生み出さないための彼らの知恵なのかもしれない。

自分の思うままではなく、規範の中で素材と身体を照応させながらものを作ること、それが「向こう合わせ」である。特徴をまとめると以下のようになる。

・受動的である
・規範に従い素材に身を委ねる
・独創性を目指さない
・自分を表現しない
・規範に依拠するが写そうとするモデル、プランはなく出来上がりの予想は規範の中にとどまり、細部については曖昧なまま製作を開始する。結果的に「現れてくる」状況を受け入れる

現代のように独創や自由な表現が行われ、それが尊ばれもする社会とは異なり、個性の強い者の出番は限られていたかもしれない。ただし、つくり手にとって不自由にも見える「向こう合わせ」だが、「こちら合わせ」よりも行き詰まりや閉塞感は生じにくい。なぜなら「素材」の持つ力が「自分」の限界を補うからである。また、規範の効果によりつくり手にも使い手にも安定感、安心感をもたらす結果を生む。

「向こう合わせ」の技術とはあくまでも自然というオリジナルを相手にする、絶妙な力加減を要する技術である。自然あっての人の技術であることは、その素材が何であり、それがどう加工されたかが一目でわかる成果品に如実に表れる。

規範とは何か

「向こう合わせ」の向こうにあたる「規範」についてもう少し述べておきたい。縄文土器は自由気ままに、「全く違う」ものが作られたわけではない。まずは器であることを前提に、その時期、地域の器形、文様には規範があると考えられている。土器を構成するものとして、規範に準じた割りつけや施文、突起などが必要とされた、ということである。この規範の強度についてだが、細部にわたって厳格なものであったとは言えない。もし規範が強ければ多数の「全く同じ」ものが出土し、その結果として欠けた部分の推定が容易になるはずである。しかし「全く同じ」ものは出土しない。だから修復家は難儀するのである。規範はあるが厳格ではない場合に生じるものとは、「似ている」もの、「どこかが違う」ものである。厳格ではないがベースとなる規範があり、規範内の軽微な変化は、これまでには無いものとして許容される。私は縄文土器の規範をこのようなものと考えている。ただし縄文土器の規範の、どこの何をもって「良いもの」としたのか、それは視覚的なものなのか、触覚的なものなのかについてはよくわからない。

それでも私が現代社会において縄文土器の規範に似たものを感じるのが音楽の規範である。世界の音楽を比べてみると、時期、地域による違いが聴こえてくる。ドレミファ音階（Cメジャースケール）そのものが規範のようなものではあるが、これを基準に日本の音楽について言うならば、ファとシを使わなければ日本民謡、レとラを使わなければ沖縄民謡になる。時期、地域によるそれぞれの違いは規範の違いであり、これがアイデンティティーの形成にも関与しよう。音楽はこれまでとは「全く違う」もの、新しいものが次々とつくられているわけではない。音源やアレンジの工夫によって、それまでとは「どこかが違う」ところに新しさを感じさせるのであって、基本的には過去のものと「似ている」音楽がつくられている。音楽に対する親近感、安心感とはこの「似ている」から生じてくるものだ。鑑賞者にとって「似ている」という親近感、それと同時に「どこかが違う」と気づきを与えるのが規範なのである。規範は鑑賞者によって保たれ、手放されることはない。文化によってその生成に違いはあっても、音楽はある種の規範に則り、「似ている」「どこかが違う」ものがつくられ続けていると言えるだろう。音楽の規範は権力者によって厳格に規定されるものではなく、また占有されるものでもない。規範の中で、揺蕩うような軽微な変化は受容され、それがまた新たな規範となって人々に共有されて引き継がれる。大事なのは規範が多くの他者とともに共感、受容されるものである点だ。要するに本稿で言う規範とは、「こちら」だけの思惑で好き勝手に成り立つものではなく、常に「向こう」とともにあることなのである。

このようなつくり手と受け手の感性による交歓が縄文土器にもあるように思うのだが、短絡的に過ぎるだろうか。これまでの土器と「似ている」けれども「どこかが違う」。ずれていることが新しい。違いやずれを発見する楽しみ方もあったのではないだろうか。重要な規範である突起や隆帯文などは決して手放さない。しかしそれが動物か何かに見えることは規範内の変調として許容され、むしろ感興を誘ったのではないか。基本的な規範を失わない限り、縄文時代の人々にとっては、良いもの、安心できるものとして腑に落ちたと考えたい。

縄文土器に見る規範

縄文時代の土器づくりの規範のひとつを文様から見てみよう。文様の配置を「割つけ」といい、原理的には横方向への割つけが「文様帯」、次に縦方向に割つけることによって「単位文様」が形成され、その数で単位数が決まる。考古学の今村啓爾氏は単位数が伝統性、系統性によって決まり、これに美的感覚や釣合いの感覚が影響していると述べた[13]。文様の配置から社会・規範の存在を見ているのである。

修復家として土器をみる時、施文具の種類なども含めて、規範の存在を感じる。修復の際、同時期、同地域の土器や同一個体内に残存する「文様帯」「単位文様」を参考にして欠失部を補うことで、残存部と違和感なくなじむことがあるからである。縄文土器は機能性を思いつかない波状口縁や突起で構成されているが、これも規範の一つだろう。複数あるうちの一部を欠失した口縁部突起の造形も、同一個体内の「繰り返し」との根拠があれば補うことができる。これらは私たちにもわかる規範と言えよう。厄介なのが規範内での変則的な細工である。割りつけの中で同じように繰り返されそうになる文様の一部を変化させたり、突起に目鼻口を付けたりするなど、土器のつくり手にとって規範とはある意味で「不自由」なものであるが、この中で自由にやろうとしているようでもある。こういう部分が大きく失われている場合、造形的な補填は不可能と言える。

かといって規範を大きく逸脱することはなく、様式としての収まりをみせている。先に述べた「顔面把手付深鉢形土器」(「出産文土器」)は目の付いた胴部のドーム状の突起を「新生児」と見立てているが、実はこの「新生児の顔」は反対側にもう一つあり、二か所から同時に二人を出産していることになる。つくり手としては、大事な規範としてドーム状の突起を二か所に付け、それぞれに目鼻をあしらって顔にしたもので、「新生児の顔」というよりは「突起の顔」を出現させたと言えなくもない。

長野県月見松遺跡で出土した類似土器の胴部には一か所に突起があり、目鼻はない。それでもこの突起を新生児と見立てる向きがあるのは、人の造形根拠には必ず何らかのイメージ、モデル、様態を写し取ったものがある、との前提が働いているからであろう。

この部分を規範を伴う造形動作として説明してみる。まずは「胴部中央」に一か所、「ドーム状の突起」を付ける。この周りに二重の円を描き、二重の中に「交互刺《し》突《とつ》文《もん》」（棒状工具を交互に刺突することで蛇行する畝をつくる文様）を施す。二重円の下部に「三《さん》叉《さ》文《もん》」を陰刻することで同心円の構成が崩れて面白いかたちが現れてくる。

月見松遺跡出土の「顔面把手付大深鉢」（伊那市創造館所蔵）

この「胴部中央」「ドーム状の突起」「交互刺突文」「三叉文」が規範と言える。規範自体に文字や記号のような役割があるかは不明だが、当時は規範から来る安心感、共感を得られていたものと思われる。また、突起をつけること、主要な突起の数と位置にも、何らかの規範があるのかもしれない。

また、規範への執着は時に大きく複雑な突起へと繋がるのかも知れない。たとえそれが人の顔に見えたとしても、つくり手が顔を表したのではなく、規範から顔のようなものが現れたという見方はできないだろうか。規範とは本稿でいうところの「向こう合わせ」の「向こう」である。「向こう」とはおそらく、つくり手にとって尊重し、信頼し、協働すべきものであろう。つくり手の「向こう合わせ」の感性、技術は向こうから「現れてくる」ものが重要であるから、つくり手が「表そうとする」写実的表現とは方向性が違う。

「現代人の発想」の危うさ

縄文土器にある、私たちには余計な物にしか見えない口縁部や胴部の突起は数千年にわたって採り入れられた。縄文人にとってはなくてはならない部位なのである。機能性の有無については不明だが、縄文造形家の村上原野氏がかつて「すべてではないにしろ突起には土器のひずみを抑制するような造形力学的に必要な機能がある」と語っていたのを思い出す。

突起は土器を特徴づける部位であるが、ものによってはここがイノシシ、ヘビ、人の顔のようにみえる作りになっている。一部の考古学研究者はそのまま写実的にとらえて、イノシシ、ヘビ、人の付加、模写、装飾として論じる。ある一般に向けたテキストにおいては、造形には写し取ったモデルがあり物語が想起されるとして、各土器の写真のキャプションにヘビ、イノシシ、カエルや、「母親」と「生まれてくる子供」といった記載がある。

注意したいのは、これらは現代人の「印象」の一つに過ぎない、ということだ。しかし実際にはそれぞれが写実的ではないのでモデルが何か、という確証は得られない。確かなのは「ヘビのように見える」、「イノシシのように見える」ということであり、縄文人が粘土造形においては写実的に表すのではなく「何かに見える」という点を重視したことを暗示する。これは微妙かつ絶妙な感性、そして技術であり、見過ごせない製作思考である。つくり手の思考は、もの、や、こと、を写実的に表すという前提でものを鑑賞する現代人の思考とはおそらく違う。縄文土器の造形にはモデルがあるとするのは、いわば現代人のよく行う「こちら合わせ」の製作思考である。

このように、縄文土器が写実的にものを表しているとする考古学の推測が美術史に与える影響を危惧したのが考古学の今村啓爾氏であった。今村氏は「縄文土器とは何か」で次のように指摘する。[14] 縄文土器の口縁部把手（突起）が時間的変化を続ける中で「たまたま動物の顔の形に似てきたとき、突然それが獣面になったのであり、まもなくそれは動物と何の関係もない形に変わっていった。変化の途中経過で把手がイノシシに似てきたとき、その連想から動物の形にしてしまうことが一時的にはやっただけなのである」。籠のように見える土器も形や文様が変化を続けて、あるとき籠のような形になっただけであり、「籠の形を土で写したというのは現代人の発想である」とし、「現代人と同じような感性と行動形態のつくり手を想定して常識的発想で論を展開するなら、それは考古学が長い間陥ってきた誤りを再び繰り返すことになるであろう」と述べる。たまたまイノシシに似てきた、あるとき籠のような形になった土器の造形を、考古学が単にモデルの写しや付加であると紹介してしまうと、美術史はそれを受け入れてしまう、と危惧しているのである。今村氏の言う「現代人の発想」の基底には、つくり手の模写と鑑賞者の写実的推測を当然のことのように受けとめる現代人の思考があるものと私は考えている。

また、美術史の中での縄文土器の扱いについてみてみると、『日本美術史』の「縄文時代の美術」の項目は考古学の井上洋一氏が執筆しており、[15] なぜ美術研究者が美術史としての縄文遺物を語らないのかとの疑問が湧いてくる。その答えの手がかりとなるのが、工芸史の金子賢治氏による、美術史が「視覚的造形物の歴史」[16]という指摘である。美術史からすれば縄文土器は視覚的に説明のつかない装飾が付いた器と見るほかなく、それゆえ考古学に「解説」を請わざるを得ない事情が生じているのではないだろうか。金子氏は美術史の中で縄文土器が「製作者の側に立って述べられたものはほとんどないに等しい」と述べ、「美術史に組み込むためには製作者の造形思考に言及しなければ不十分である」と指摘した。縄文人の言説は取れないが、代わりに現代の土器製作者の知見をすくい上げることが有効かもしれない。例えば、土器の製作技術論はいくつかあるが、高い技術力を持ちながら縄文土器をアートの視座から製作し著作もあるのが猪風来《いふうらい》氏である。氏の論は本稿とは異なるが、縄文の美を「形象・心象・表象を具体的な形で表現する芸術活動が生み出した」ものとしている。[17]

このように、先の考古学が陥った思考とは、そのまま「視覚的造形物の歴史」である美術史の思考にも当てはまるのではないだろうか。それは視覚で得たものを写実的に表現する行為と、そこに写実的で具体性のあるものを探ろうとする鑑賞の姿勢である。しかし縄文時代に写実的表現は見受けられず、あるのは規範の中で何かに見えてきたり、何にも見えなかったりするものをつくる感性、技術、もしくは技能である。視覚で得たものを視覚的に表し、視覚が受け入れるのではなく、規範を優先した造形行為が生み出したものを視覚が受け入れる、そのような順序だろうか。だとすればなおさら、視覚を中心に語られてきたこれまでの美術史には組み込みにくい。しかしながら視覚優先ではない芸術の一側面を縄文人が示しているとすれば、その意味は深く、大きいはずである。今後、縄文遺物が美術史家によって詳述されることを私は待ち望んでいる。

写すのではなく、この世にないものをつくる

縄文土器の口縁部の突起には、おそらく概念的なかたちは存在するが、最終形態に厳格な縛りはない。例えば突起に人のような目鼻口を付けたりするのは、取り付けた突起の輪郭を顔に見立てたかもしれず、はじめから人の顔を想起して付けたものとは言いきれない。今日でも生き物とは無関係なものに目鼻を付けて顔にすることが見受けられるが、あれを「あそび」というのなら、突起の顔もあそびかもしれないのである。重要なのは顔ではなく突起そのものと捉えてみてはどうだろう。突起が顔に見えるのは、人の顔の付加ではなく、規範である「突起」の顔なのではないだろうか。

考古学の能登健氏は、区画として中期初頭に出現した隆帯文が次第に立体的、曲線的になり、刻み目が加わって「ヘビのモチーフを目的としていなかったのに、結果としてヘビに見えてきたために頭がつけられてヘビになった」と指摘している[18]。今村氏や能登氏の考古学的見解とは、時間の経過により文様が何かに「似てくる」「見えてくる」ことであり、はじめからイノシシやヘビといった具体的なものを取り付けていたわけではないことを述べている。

粘土による造形は手指の力加減により思いがけないものに「似てくる」「見えてくる」ものである。両手で力強くこねている粘土塊さえも顔に見えてくることがあるように、無意識下のルーティンでも何かが現れてくる。粘土紐は、積めば縄文土器の本体となり、本体に張り付ければ隆帯文となる。粘土紐の形状はすでにヘビの姿を彷彿とさせるものだが、興味深いことに、ヘビそのものに見える単体の造形物を縄文人は遺していない。粘土紐はそれ自体ではヘビになることがなく、あくまでも土器の構成物にとどまったのだろう。文様のための粘土紐を張り付けている際のちょっとした力加減により、ヘビの姿態に似たものにはなってこよう。繰り返し取り付けてきた突起がイノシシに見えてきたので目鼻を加えてもっと似せてみた、ということもあるかもしれず、純然たる「突起」だったものがイノシシに見立てられることが一部で流行したとも、縄文人の遊び心の現れとも言えるかもしれない。

「規範としてのかたち」は意識するにしても写実的なものを意識することはなく、指先が間断なくパーツを取り付けているうちに何かに見えてくる。つまり、触覚を優先して作ったものをあとから視覚が確認し、何かに見えるよう程良く手で整えることは、私の経験上、十分考えられることである。つまり、土器に付けられたヘビやイノシシと称されるものが、モデルをイメージしなくても現れるということである。これは写実的なものを器に外付けするような「現代人の発想」とは違い、写実的なものを器に外付けしない製作思考では、あくまでも区画を礎とする規範である突起や隆帯文から、結果的に人やヘビのようなものが「現れてきた」となるのが手練の妙ではないだろうか。写実的な何かをはじめからイメージすることなく、何かの写しでもなく、粘土の

宮川香山作、褐釉蟹貼付台付鉢
（東京国立博物館所蔵、出典：ColBase）

混沌から「何か」が「現れてくる」。それを指先でそつなくこなすことが、あの時代に褒められた感性、技術なのかもしれない。

ここで、宮川香山氏の高浮彫の写実的工芸と比較してみたい。明治時代に万国博覧会に出品され海外で絶賛された陶器は、精巧に模した動植物の彫刻、外付けの装飾が施されている。作者が「何を」モデルにして「表している」かは見るものに明らかであり、「現代人の発想」と同じ思考でつくられ鑑賞された器の一つと言えるだろう。一方の縄文土器はどうか。縄文人には写実的なヘビを外付けするだけの技量はあり、その方がよほど簡単でありながら、あえて「ヘビのような何か」とするところに単純ではない造形思考がうかがえる。縄文土器文様が「向こう」側、つまり規範、素材の中から「現れてくる」「何か」であるとすれば、それは土器本体とは不可分なもの、つまり本体そのものであるとも言える。要するに写実的なものを外付けするような単なる「装飾」的な技法とは異なるものと考えたい。

その点について考古学の松本直子氏は、すでにある世界観を表したものとする、これまでの土器の見方に対して一石を投じている。「縄文土器と世界観」によると、「土器を作ることは、彼ら・彼女らの世界に存在する大切な存在に形を与えることでもあり、そうして生み出された土器は、（略）物質的に経験する世界の一部となる」「神話的な世界観を土器の上に「表現」したというよりは、実際に物質的に世界を作り出している」「どこかに存在しているものの姿を仮に表現したものではなく、まさにそこに存在するものとして作られているのだ」と述べた[19]。縄文人の土器づくりとは、世界観の表現ではなく彼らの世界そのものを初めからつくることなのではないか。写実や模写とはすでに世界に在るものの表現行為だが、それを彼らは行わないばかりか、むしろ避けているようにみえる。世界を写すのではなく創る、という思考である。彼らの物質的世界を彼ら自身が新たに創造していこうとするときに目指すのは、「この世界に無いものをつくる」ことなのかもしれない。

ここに必要な方法とは何だろう。同じようなものが大量に必要とされた土器の生産では、区画文様の一部を変えることでこの世界にはなかったものにできた。また、確実にそれとわかる写実的な造形にならないのは、できる限り「自分（＝こちら）」を封印するからだろう。「自分」とはすでに「見知った世界」でできているものであり、「自分」の表出はすでに存在するものの再生産につながるからだ。さらに彼らは写実的表現ではなく、見立てることによって「何か」に見えてくる造作を行っているが、「何か」とは実存するものを意味せず、彼らが創出する無二のものとも言えるだろう。

見立てとは本来、生成に関与しない他者が気づくものである。人の手を介さずに生じた自然由来のかたちに、例えば岩山に「烏帽子岩」のような名前を付けるのが見立ての一つだ。ヘビに見立てられるものとはヘビそのものではなく、他者と共有しうる「ヘビのようなもの」でなければ見立ての対象として成立しない。つまり製作者自身が他者の見立てを意識しながら仕上げることは、写実的造形よりも難しい。そこでその方法として考えられるのは土器の製作を一人ではなく、他者との協働で行うことである。規範あるかたちまで作り上げたものを他者が受け取り、「何か」がすでに現れ始めている部分に少し手を加えて見立てを容易にするのだ。一人の生み出すものには限界があり、知らず知らずに自己模倣に陥るものである。世界の無二の創造に複数人で臨むことで、同じものの繰り返しは回避できるはずだ。他者とは、言うなれば尊重し信頼すべき「向こう」でもある。自分の造形を他者が改変することに、不満を持つこともなかろう。

触覚を優先する造形思考

写実性のない土器の造形からは、視覚ではなく触覚を優先する造形思考も考えたい。それを導くのが粘土という魅力的な素材（これも本章で言う「向こう」）である。粘土はつくり手の意のままに、いかようにもかたちを変えることができる一方、その可塑性は偶然性に富み、前述したように無意識下でもかたちが立ち上がってくる素材である。粘土の湿り具合や粘りと戯れることはたいへん心地がよい。粘土の「先導力」に導かれるように指先が動き、こちらが無心のままでも何かが現れるというのは、考えてみれば不思議である。文様の配置や施文具といった規範のしばりの中で、粘土と指先との協働が触覚を優先する造形思考を育むのではないか。

実際の縄文土器は製作者の手の動きを記録しており、施文に迷いがない。施文具の運び方は大胆で柔らかく、腕の「こわばり」や「緊張感」を感じない。そう言えるのは、私も含めた現代の土器の製作者が実物の土器をモデルにして模造したものに、どうしても施文に「固さ」が現れるからである。この場合の「固い」とは、同じものをつくろうとする際の「こわばり」や「緊張感」とも言い換えられる。沈線文（棒状の工具などを押し当てつつ線を引く文様）の工具の運び方、隆帯文の張り付け方が慎重になり過ぎて、スピード感がないのだ。土器の模造とは、見て、考えて、整理した上で立体的に写し取ることである。いわば設計図をわきに置いて作るようなものなのだ。私から見た実物の縄文土器は、モデルをわきに、あるいはプランを念頭に再現されたものではなく、規範の中で粘土に指先が即応して作られているように思う。頭ではなくて指先が素材に合わせ、素材と対話するように製作が進む、と言えばよいだろうか。指先と素材との協働からは同じものは生まれない。

これらを私は、視覚を通じて認知したものの写実性よりも、触覚を通じて認知したものの現象性を優先した結果であると考える。ものの現象性は「向こう（＝素材）」の物性、例えばわずかな力加減でかたちが変容し、固定される「現象」を受け入れることで成り立つ。窮屈な割りつけ、突起という規範（＝「向こう」）を大きく逸脱することなく指先が変えていく、いわば「指先が考えた」結果だろう。それをあとから面白がるのが視覚なのではないだろうか。

共著者の一人である人類学の古谷嘉章氏は、第三の脳として皮膚が「考えている」ことを紹介している。[20] また、解剖学の布施英利氏は生命三〇数億年の歴史で人体の原初の姿は「管と皮膚」であり、この「由緒ある感覚」が触覚であるとした。[21] そして触覚主義を唱える芸術家、ヤン・シュヴァンクマイエルを引き合いに出し、作品が「管」を鋳型にしたもののように感じるのは「皮膚の内側に眠っている内臓感覚」が成すものではないかと指摘した。これは、先に述べた考古学の今村氏の危ぶむ「現代人と同じような感性と行動形態」とは明らかに異なる。触覚を駆使した現代のつくり手には十分嘱目する必要がある。

人間の所作すべてを、頭が考えて動かしていたら頭は疲弊する。皮膚が考え、身体を動かす。視覚で得た三次元の情報を二次元に処理し、絵筆を持った手を動かす中枢神経系のアートとは別の、頭を介さずに皮膚が即応するアートも確かに存在するはずである。

素材の先導力

自然界に転がる木や石や骨には特有のかたちと肌触り、重さがある。かたちは主に視覚で確認できるが肌触りや重さといった物質性は皮膚や筋肉が感知する。ものを拾い上げたとき、手を加えたくなるかならないかは、触覚による感知に左右される。このような、素材が元々持っているかたちや物質性に導かれるような制作行為、いわば「素材の先導力」に牽引されながらの制作行為は、これまで無名の者たちの手によって世界中で行われてきた。「アール・ブリュット（生《き》の芸術）」と呼ばれるものがそれにあたる。

民族芸術学の木村重信氏が「物質とじかに触れあい、泥や石ころの権利を復活させようとした」と紹介したのが「アール・ブリュット」の宣言文（一九四八年）をしたためたフランスの画家、ジャン・デュビュッフェである。[22]「生の芸術」とは正規の美術教育を受けていない者たちの行うアートである。ルネサンス以来の「正統な」美術から逸脱するような作風は、かえって耳目を集めながら現代に至っている。美術の縛りのない世界からは、制作者自らが最も「安心する」やり方で作品が生まれて来る。気負わない自分の世界の中では、素材との対話や偶然性を存分に発揮できる。様々なやり方がある中で、素材自体を気に入って手を動かしているうちに作者自身に規範が生まれ、かたちが生まれてくるものがある。美術の本流が目的達成のために素材を選ぶ「知識優先」とするならば、素材あってのアール・ブリュットは「感性優先」と言える。本人の満足を至上とするものであるから、作品のすべてが他者を満足させるものではなく、またその必要もない。しかしある種の底が抜けた作品には、他者の心を震わせる何かがある。

このような創造的自由を有する非社会的なアール・ブリュットと、規定や禁忌に従属する社会的な「原始的」芸術との混交的見方に警告を発したのは芸術史家ミシェル・テヴォーである。(23) それでもなお氏も言う「素材の先導力」には両者の類似性をみないわけにはいかない。素材の持つ先導力に応答するとは、まさに「向こう合わせ」の姿勢である。必要なのは知識というよりも感性である。感性が物質の性状なり霊性なりに導かれてかたちを成していくのである。

出土例の限られる縄文時代の木製彫刻に、素材の先導力に導かれたものがある。それは直径一〇㎝の丸木を素材にした正体不明の遺物で、縄文時代後期の岩手県萪内遺跡から出土した。調査報告書では「人がたの木彫」とされ、残存長六五㎝で、全体は残っていない。(24) 実測図や写真を見る限り、人の顔のようには見える。ところが実物を見るとやや趣が異なる。丸木に内包していた木の節のひとつを掘り起こして高さを出し、近辺を彫刻している。しかも顔とは言い切れない何かが現れている。節は発掘報告者が「鼻」としている凸部のほぼ真上にある。これを目玉と考えるならば中央に寄り過ぎている。要するに「余分な突起」である。もし顔という完成形を思って彫

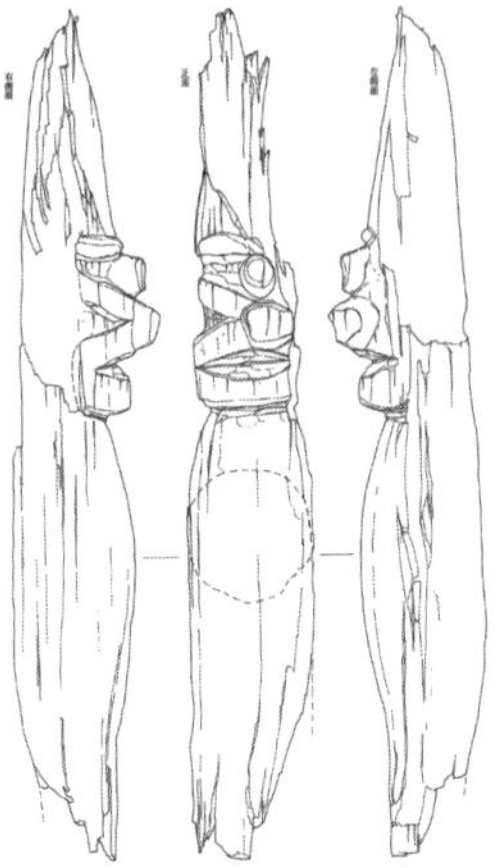

萪内遺跡出土の木製彫刻（『盛岡市萪内遺跡』岩手県埋文センター文化財調査報告書32）

刻するのであれば、節のない別の場所を選んで目鼻口を彫るであろう。しかし実際は、全体の造作を見ると、「突起」は彫刻のほぼ正中にあり、余計なものにしては重要な位置を占めている。言い換えればこれは節という「突起」に合わせた彫刻である。縄文土器も突起に合わせて文様を展開する。「完成形＝モデル」を素材に当てはめようとする私たちにとって節は邪魔なものでしかないが、縄文人にとっては節が重要であり、気に入りなのであろう。こういう制作姿勢を「素材の先導力に委ねる」というのではなかろうか。それは「向こう合わせ」の感性あってこそ成り立ち、結果的には正体不明なものが「現れてくる」。それが人の顔に見えるものにはなったかもしれないが、目鼻口の彫刻との所見には首肯できない。顔の写しではなく、素材に合わせて立ち上がってきたナニモノカであり、それを生み出し、受け入れるのが縄文人ではないだろうか。縄文文化研究では、素材の特質や規範に応答したつくり手の感性も含めて考察する必要がある。さもないとモデルを探すことばかりに気を取られ、本質を見失ってしまうからである。

私たちにもできる「向こう合わせ」の造形

私たちの住む世界では、これまで考察してきたような、規範や素材に従う「向こう合わせ」がどこかかけ離れた世界の出来事のように感じられるかもしれない。私たちにとって「向こう合わせ」の造形は不可能なことなのだろうか。

二〇二一年に高校生を対象にしたワークショップ『この世界にないものをつくる』を企画した。(*1) 粘土を使って、イメージすること無くかたちをつくっていくというものである。「何をつくろうか」などと考えてはいけない。考えた時点ですでに存在する何かの写しになるからである。何も考えずにつくることは難しい。しかしそこに「ルール(規範)」と興味深い「素材」さえあれば、人はやってのけるのである。

素材である粘土の物性を体感するために、時間をかけて捏ね、伸ばし、丸める。作ろうとするかたちを考えないことは、逆に粘土との照応に集中できるものだ。ルールは、基本とするかたち(十字形および台形)に従うことと、使うべき道具(棒、竹串、縄文原体など)があること。最初にかたちを作ったら、何かをイメージすることなく、しかし自由に線刻したりパーツを取り付けたりしていく。完成形のイメージにとらわれない分、取り付ける粘土紐の太さや球体の精度、表面のツヤや厚さの均一性など、各人各様、質へのこだわりが顕著に現れる。誰かが指図したわけでもない。ふだん粘土を扱わない者たちのこうした集中的で自発的な振る舞いには、ただただ驚く。それはどこか、粘土という素材が導いているようにも思えてくる。

やがて正体不明のものが出来上がる。「これは何?」と聞くのは愚問だ。さてここで急転直下の指示が私の口から発せられる。「出来上がったものが何かに見えてこないか、考えよう」。「考えない制作」から「考える見立て」への転換である。見立てとは、ものの生成に関与しない他者の着眼のほうに意義があるので、台形の作品のほうは他者のものと交換して行った。何かに見えたら少し手を加えて何かに近づける。もちろん正体不明のままでもよい。十字形のものが人のようになったものもある。複数作っていた十字形が結果的に「家族になった」というものもある。台形のものでは「考えずに作り始めて、いつの間にか「町みたいなもの」が出来上がっていて、自分でも面白かった」というものも出来た[25]。各々が作った「この世界にないもの」は何かの写しや表現ではない。ルールに沿って素材と協働した末に現れたものであり、ことであろう。完全な「向こう合わせ」とは言い切れないが、初体験でここまでできるのであれば、粘土造形の「向こう合わせ」が不可能な話ではないとは言えそうだ。この一連のワークで特に印象深いのは、台形の中で何も考えないで造形する際、苦心の挙句に人名を書き連ねたというものが二例あったことだ。かたちではなく文字であり、そこには意味を含まないという点に注目したい（何をつくるかを考えないでいるためには、ひとまず「何か」を形象から外すことを考える。そこで「文字」に思い至るが、文章にすると「何か」を表してしまうので、そのままでは意味をなさない「人名」に行きついたものと思われる）。

それから、「私は絵が苦手ですが粘土なら少し自信がつきました」という高校生の一人が語ってくれたワークの感想をここにぜひとも記しておきたい。アートとは本来、人を豊かにするものだ。粘土造形の前にデッサンを、というやり方は、それが苦手な人から自信を奪い、アートから遠ざける。私は、豊かな生き方の手段として日常に根付いたものをアートと考えている。豊かに生きる手立てとしてのアートを取り戻したいものである。

4　現れてくるものを受け入れる

「つくること」からかたちが生まれる

縄文人は粘土の扱いにかけては、恐ろしいほどの手練である。火焔型土器の口縁部全周のフリル作出では一三㎜の厚さの部分を両側から削って四㎜の厚さを残して焼く技術を持っている。透かし彫りの土製耳飾りに至っては厚さ一㎜の部分もある。このような粘土を使った繊細な手仕事は後の弥生時代にはみられない。縄文人は写実の能力については無いとは決していえず、本当に稀だがリアルなものを作ってはいる。卓越した技術を持っていながら写実性には向かわない、そこに注視する必要がある。ではなぜ写実ではないのだろうか。推測するならば、写実に無関心な社会、社会規範やタブーによって写実を避ける社会、写し取ることを求めない社会が思いつく。

写実とは視覚を通じてものを認知し、写し出すという行為である。三万五〇〇〇年前のドイツのフォーゲルヘルト洞窟のライオン頭像（象牙彫刻）、一万九〇〇〇年前のスペインのアルタミラ洞窟壁画、一万年前のトルコのギョベクリ・テペ祭殿彫刻などの海外における動物の表現は、説明を受けなくてもそれとわかる写実性の高さに特徴がある。動物学者で画家でもあるデズモンド・モリスはアルタミラやフランスのラスコーなどの洞窟壁画の画家を「筋金入りの写実主義者」と呼び、死んだ獲物を明るい場所で皮の「カンヴァス」にスケッチしたものを洞窟に持ち込んで壁に再現したと説いている。[26] 三次元のものを二次元でとらえて写実絵画にすることや、三次元のものを縮尺不同で写実彫刻で表す海外の歴史はまさに視覚芸術の歴史である。制作者の意図は何であれ、何を表現したのか他者が「わかる」芸術を、海外では先史以来行ってきたと言える。数万年という海外の写実、模写の歴史と日本列島の歴史とはやや異なるという点には留意したい。

今や日本でも視覚を通じたものの認知が当たり前のようになっている。これは何事も二次元へ一旦変換して整理してきた西洋的思考[27]に近い。スケッチ、デッサン、設計図は、もはや三次元に立ち上げる前の決まり事のようになっている。

ところで石器時代の石器づくりにおいて、果たして石をかち割る前に「完成形」を用意する必要はあったのだろうか。石器づくりには素材の節理や肌理に合わせて手が整える「向こう合わせ」の技術が必要だ。簡単に言うと「思い通りのかたち」にはならないけれども「思い通りの機能」を有するものを目指すのが石器づくりといえる。結果的には似たものができあがるのだが、用意したデザインやモデルを目指すわけではない。ここがアーティストの彫刻作品との違いだ。石器製作の前にスケッチをする必要はなく、それ以前に完成形をスケッチで表すためには描写能力が別に必要であることを忘れてはならない。

人類が「完成形」の伝播を待たずに相似形の石器を世界各地で発生させたのは、共通の条件である「石」という素材と人類の「手」の照応により、各人が作出した刃の切れ味、使い勝手を追及して更新し、到達し得た結果であろう。使用目的にかなった利器としての性能だけを考えて手を動かせば、自然に相応しいかたちとなるものであり、あらかじめ参考にするための「完成形」が必要とは思えない。これは何も石器時代に限った話ではなく、屠畜の経験もある作家の佐川光晴氏によれば、現代の牛の皮剝ぎナイフが「幾百幾千もの職人たちの仕事の積み重ねによって生み出された」究極的なかたちであり、それはもはやナイフのほうが身体を動かすような域に達しているという。[28]道具のつくり手と使い手は普通、その一切を言語化して残すことをしないが、佐川氏のテキストによりそれが残ったというのは貴重である。まずは参考にする「完成形」、すなわちかたち、モデル、デザインありきという後世の視覚的発想だけでは、人類史の解釈をかえって難しくしてしまう。生にかかわる道具からたとえ「美」を見出したとしても、それは死を乗り越えるために現れた究極的なかたちなのであって、「美」をもくろんで仕上げたかたちとは違うはずだ。生死にかかわる道具を自らの手でつくらなくなった人類は、デザイン先行の思考からでしかものがみられなくなってしまったのだろうか。

いや、デザイン先行の思考とは別の見解がこれまでになかったわけではない。「デザインによって造るのではなく、造ることによってデザインが生まれる」と説いたデザイナーの柳宗理氏のスプーンづくりは、スケッチより先に試作が始まった。「材料と触れることが、良いデザインの生まれる鍵[29]」とは、使い勝手の追及にはスケッチ（=「こちら」）を素材に当てはめるのではなく、素材（=「向こう」）と協働するのが良い、ということだろう。また、人類学のティム・インゴルドはものづくりにおいて、人間が事前にもののデザインを持つかのように学者たちが繰り返し述べてきたために、人々もそう考えるようになったと書いている。物質にデザインを押し付けるのではなく、物質と「力を合わせる」ことが創造性につながるのだとも言う[30]。

だが、柳氏やインゴルドのような思索はまだまだ少数である。考古学の大勢はものの認知が視覚を中心に据えられて、具体的に何を写しているのか、表しているのか、という見方で進んでいる。美術教育においては写し取ったものがどれほどモデルに忠実かが評価の基準である。制作者は視覚で得たものを写実的に表現し、鑑賞者は疑いもなく写実的に解釈する、それが当たり前の社会なのである。この思考、すなわちリアルに写し取ること、写し取れることを良しとする思考を縄文時代一万年間の遺物からはうかがうことができない。

「上手な絵」を描く前の、描く対象を持たない子どもに対して「何を描いているの？」との問いかけは、裏を返せば「写し取ること」の要求である。同じように、私たちが縄文遺物をみて、つい何を写しているのかと考えてしまう、その思考をこそ疑ってみる必要はないだろうか。

非写実性から現れてくるもの

縄文時代に写実画は無い。草創期の石偶といわれる線刻礫や土器に描かれた「絵」に、手慣れた感じはうかがえない。また、写実彫刻も極めて少ない。他方で、そもそも写実能力のない縄文人が人を模したものが土偶である、という見方もあるだろう。人がたをつくることが下手なのではないか、との見方である。青森県三内丸山遺跡から多量に出土する十字形をした板状土偶[*2]の形

石神遺跡出土の板状土偶
（つがる市教育委員会所蔵）

態を、私たちは足のない胴に両腕、その上に頭という具合にとらえる。頭部にある顔をみて、人をかたどったものと考えてしまうのである。ところが、三内丸山遺跡やつがる市石神遺跡から出土した土偶など、初期の十字形板状土偶には顔が「頭部」ではなく「胸部」にあるものがある。これは下手の手仕事などではなく、この土偶が人を模したものではないことを暗示する。つくり手にとって大事な規範（＝向こう）とは十字形であり、これに顔を付けたら「人のように見えてきた」とも言える。私たちが両腕だと思っている部分を、つくり手が両腕を意識して作っているわけではないとしたら、人を模したものとは言えなくなるだろう。

　規範から現れてくる造形については他にいくつか紹介したい。縄文時代晩期の東北地方に亀ヶ岡式土器様式がある。薄づくりの土器にはしばしばアルファベットの***x***字に似た文様がみられるが、これはおそらく規範であろう。興味深いのはこの***x***字形が単体で土製品になることで、***x***字形土偶がそれに当たる。青森県西目屋村川原平遺跡のものでは、***x***字形に∞状のかたちが付いており、これを「目」とするのならば、手足がのびていて人のように見える。しかし他の遺跡から出るものには「目」も「手足」もないものがあることから、十字形土偶同様、つくり手が人のかたちをイメージして造形したとは言い難い。人のかたちを写し、表すのではなく、あくまでも***x***

西目屋村川原平遺跡出土の*x*字形土偶
（青森県埋蔵文化財調査センター所蔵、著者撮影）

字形という規範を優先して製作していたものと考える方が無難だ。いわゆる遮光器土偶の中には胴部の文様に*x*字形が施されているものがあり、*x*字形土偶とは規範を共有しているものと思われる。*x*字形という規範から現れてくるナニモノカなのかもしれない。

また、同じ遺跡から出土した「人面付き注口形土器」は、よく見れば上部の造作の順序が決して二つの「人面」を先に作ってはいないことがわかる。大きな穴と貫通する小さな穴、大きな穴と対置する縄文と沈線による文様、これらが先に施されたことによって自動的に輪郭を生じ、そこへ「目」と「口」が付けられて「人面」となっている。優先された造形行為のあとにできた空隙が、あたかも顔となって現れてきたかのようである。亀ヶ岡式土器様式に特有の瘤状の小突起が顔に配されて、それが「鼻」にも見えてくるが、小突起は「目」「口」に先立って付けられた規範の可能性もある。当時もし人面を最重要視するプランがあれば、真っ先に顔を表すであろう。しかしこの土器からはそんなプランも積極性もうかがえない。土器の顔は表すものではなく、規範を優先しているうちに自然に現れてきた、そういうものなのではないだろうか。こうした例を規範から現れてくる造

西目屋村川原平遺跡出土の土器（青森県埋蔵文化財調査センター所蔵、著者撮影）

形と言いたいのである。最も重要なのは規範であり、人のかたちや顔といった具体性は二の次のように思えてならない。

三内丸山遺跡からは「クマによく似せて作っている」と表記された動物型土製品（縄文時代後期）が出土している[31]。特筆すべきは後ろ足が一本であることだ。また、土偶は人を模したものとの前提から、各地で出土する土偶の指の数の多寡が指摘されることがある。指の数が一本多いことを「つくり手がうっかり沈線を五本入れてしまい、六本指になった」との指摘もあるが、六本指の類例は散見されており、意識的である可能性もあるだろう。つくるのなら「常ならぬものを」「この世界にないものを」という規範があるとすれば、数の多寡で写実性から逃れるのも一つの方法ではなかろうか。これを修復の観点から見るならば、既成事実が変更される縄文造形を既成事実で修復するのは不可能、ということになる。

縄文人が自ら変えることのできない規範と素材。縄文人がものを作る際の「向こう合わせ」は非写実性を伴う。そしてどうやら縄文人はその感性、技術を「向こう」に合わせることで「見えてくる」「現れてくる」ものに心を動かされるようである。「現れてくる」のは別の世界の写しなどではなく、もっと卑近で瞬発的で軽やかな、彼ら自らが深く関与する自然界の「現象」、ものの「物象」ではないだろうか。彼らにしてみれば現象、物象から何らかの様態が「向こう」から

「現れてくる」ことはあっても、様態を「こちら」から「表す」ことはないのではないか。「現れてくる」ものが、自身の計画や想像という「こちら側」からではなく、「向こう側」からであるものほど歓迎するようにも思える。ここで写実という習い性を持つ私たちが「向こう側」について論じようとすれば、「私たちが見知った世界」の写しになることは明白であり注意が必要だ。本稿で言えるのは、縄文人にとっては「向こう合わせ」の結果「現れたもの」のほうに心が動いたらしい、そこまでである。

縄文遺物には、このように現象、物象として「現れてくる」ものを期待した形跡が他にもある。自らの素材に対する積極的関与が現象、物象を招くのである。それらの事例を挙げてみたい。

「ないもの」が現れてくる

イタリアの心理学者ガエタノ・カニッツァの考案による「カニッツァの三角形」という図がある。これは切れ込みの入った三つの円の、切れ込みを向い合せると三角形が現れるというものだ。「ないもの」が現れてくるのである。

この現象が縄文土器の文様にもみられる。考古学者が文様に命名した「三叉文」である。この文様は時期や型式を超えて長く継承された規範の一つであろう。三叉文とは三辺が弧線のみつまたの文様で、主に陰刻で表される。これを二つ用意して二つの頂点で向い合せると、間に円、つまり玉が現れて「玉抱き三叉文」となる。玉抱き三叉文に

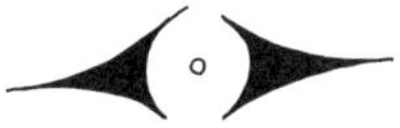

玉抱き三叉文

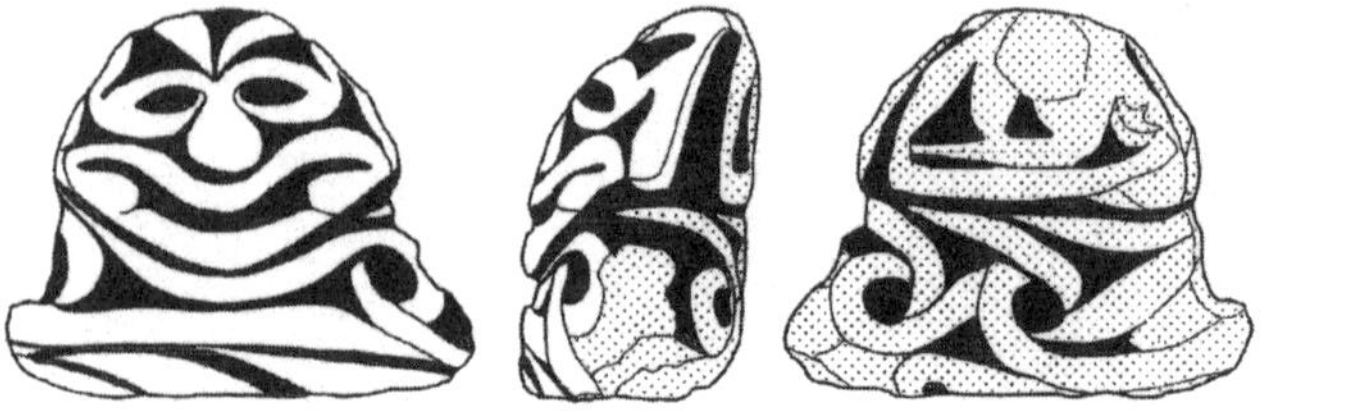
白坂遺跡出土の岩偶の図(秋田県埋蔵文化財センター所蔵、「白坂遺跡発掘調査報告書」)

ついては考古学の谷口康浩氏が「穿孔《せんこう》」と「抉《えぐ》り」という「造形行為」に着目した仮説を立てており、縄文勾玉の造形思考とは意味的に同一ではないかと指摘した。(32)三叉文によるかたちも縄文勾玉のかたちも何かをモデルにして表したというよりは、重要な意味を持つ造形行為が優先された上で現れてきたかたちともいえよう。そして時に複雑な三叉文の陰刻は「顔」のようなものまで出現させる。

秋田県白坂遺跡出土の石製品がそれで、この遺物を言葉で説明するとすれば「三叉文で構成されている」となろう。三叉文とは主体的な名称だが、三叉文が主体となって目、鼻、口を構成しているわけではなく、三叉文はあくまでも客体である。絵画的な「図」と「地」の関係性で言えば三叉文は「地」に当たる。三叉文の「地」によって現れてくるのが目、鼻、口のような「図」であり、これをもって考古学者は岩の人がた、すなわち「岩偶」と呼んでいる。

縄文人が図と地の関係性のどちらを重視しているかは不明だが、ここで言えるのは、つくり手は三叉文の陰刻によって、別のものを生み出しているということだ。同じことは先述した「x字形」

にも言える。上下に三叉文を二つ、一つの頂点で向き合わせて「地」を陰刻することで、陽刻の*x*字の「図」が現れてくるのだ。要するに、立ち上がってくるであろう本来は「ないもの」を予見しながら、三叉文陰刻を施すのである。三叉文は「ないもの」が「現れてくる」イリュージョン効果の定型のようなものかもしれない。モデルの写しをしない縄文人にとって、「現れてくる」効果は気持ちをそそられる表出の仕方なのだろう。(*3)

現れてくるものを待つ

三叉文に見て取れるのは、あとから「現れてくる」ものを受け入れる姿勢であろう。すべてを自分の意思や力で変えていくのではなく、「現れてくる」ものの様態、素材の持っている性質に身を委ねる態度が、縄文時代の出土遺物からはうかがえる。そういう態度をとるためにも、ものの様態や性質の知識は豊富である必要がある。自然界のあらゆるものとの関りから、何があとから「現れてくる」ものなのかを、彼らは数多の知識の一つとして持っていたはずである。そういうものに対して、縄文人はコミュニティーを越境して強い関心を示していたことをうかがうことができる。

その一つとして挙げたいのが、大型石棒の材料、通称「大山石《おおやまいし》」である。大型石棒は「男根を模したもの」と写実的にとらえられている遺物である。「大山石」は群馬県西端部の大山周辺に産する花崗斑岩で、産状は柱状節理、素直な肌理を持ち、石棒彫刻には極めて適した石材である。これが近くの集落(恩賀(西野牧小山平)遺跡)で石棒に加工されていた(33)。しかもこの、およそ全長一〇〇㎝、重量二〇㎏のものが、一〇〇㎞離れた東京都国立市の緑川東遺跡まで運ばれた可能性がある。私は二〇一三年に「大山石」と緑川東遺跡出土の石棒を見比べて、肉眼では同質と判断した。考古学の山本典幸氏は肉眼と実体顕微鏡による観察結果から、出土した四本のうち二本を「大山石」と判断している。(34)

大型石棒は加熱や敲打により、壊されて出土する例が多い。大型石棒のすべてが「大山石」ではないが、他の石材との違いが加熱によって現れる。長軸方向に対して直角に割れるという物象があるのだ。つまり石棒を加熱すると輪切りにされたような壊れ方をするのである。(*4) 私はこの「人の手によらずに輪切りになる」のを、縄文人好みの「現れてくる」、すなわち現象だと推測する。これだけ魅力ある素材であれば、縄文人はこういう素材も放ってはおけず、重量や距離を厭わずに移動させるはずである。また、石材は不詳ながら青森県三内丸山遺跡出土の縄文時代中期の石棒は、被熱によると思われる異様な膨張現象が現れている。

縄文土器の使用からも「現れてくる」ものを察することができる。縄文土器の修復では、土器全体が隅々まで見渡せるような採光をする。最近の博物館は照度を落とす傾向にあるとはいえ、それでも可能な限り全体が見えるような照明の仕方が多い。だが、縄文時代の日常においては土器が常に広範囲にわたって照射されていたとは考えにくい。以下は二〇〇九年に縄文復元住居内の炉で、中期の縄文土器(模造)を使ってクマ肉を煮た際の筆者の所見である。(35)

日は暮れている。住居内は暗く、床に置いた土器の文様はよく見えない。土器を熾火にのせるとどうだろう。下からの弱い光が文様の陰刻を真っ黒に際立たせる。くべた小枝に火が点くと、器面全体がのっぺりと照らし出される。すぐさま煙が立ちのぼり、文様の凹凸を這うように、なめるように動いていく。煙が文様の一部を隠したり突起の穴に入ったり、あるいは出たりしているうちに火は鎮まってくる。弱くなった光はまた、陰刻の文様を黒くあぶり出す。

この時の目まぐるしく変わる文様の見え方は、こちらの演出なしで「現れてくる」、つまり現象だ。陰影や煙の効果によって次第に何かが現れてくれば、なおさら興味も湧いてこよう。

川原田遺跡出土の焼町土器
（浅間縄文ミュージアム所蔵、撮影小川忠博氏）

長野県川原田遺跡出土の縄文時代中期の焼町土器は、メガネ状の突起と、その下などに二、三本の帯が配されるのが規範らしい。焼町土器を広範な照明によって観察している分には全体の複雑な連続文様に気を取られて気づかないのだが、突起だけになった破片では帯の形状が唇に似て、何かの顔のように見えてくる。完形品でも光の当たり方次第では、突起が何かのように見えてくるのではないだろうか。ここでの議論は顔なのかどうかということではない。照度の低い状況下では文様全体が見えているわけではなく、一方で現れてくる部分があり、それが何かのように見えてくる可能性がある、ということだ。また、三叉文の施文と同じ思考として、何らかの現象の関与を見越した上での文様施文ということも考えられる。そこで提案したいのが、土器を照らす光源の位置を変化させる観察の仕方である。隆帯文の出っ張りなどが強調されて、見過ごしていた生成過程がみえてくるかもしれない。

5　縄文土器修復の目指すところ

修復に代わる推定模造

ここまで、修復家として縄文土器を通して縄文人の「向こう（＝規範・素材）合わせ」によって「現れてくる」ものを受け入れる姿勢、思考について述べてきた。かたちとは、「こちら（＝自分）」に合わせなくても、モデルを意識しなくても生まれてくる、そういう思考である。この縄文人の「向こう合わせ」の思考と現代人の「こちら合わせ」の思考の違いが、土器修復時の破片の「無い部分」の造形を推測することを難しくさせているように思う。文様は決まった道具で付けられて、確かに繰り返しもみられるが、例えばたった一本の曲線が、今となっては「無い部分」ではどちらへ向かうのか、その予測ができない。予測不能なのは修復家だけではなく、ことによると当時のつくり手本人にも当てはまることなのかもしれない。要するに、破片の遺存率の低い縄文土器の修復は困難性を克服することができない。現代人の思考でつくり込み、それを修復品として展示することに私は抵抗を感じるのである。

そうはいっても、破片の遺存率の低い土器のかつての姿を、仮の姿でも鑑賞者に提供する必要性は生じてこよう。こういう場合に有効なのが推定模造である。修復をするのではなく、遺存する部分をできる限り把握したうえで、新しく作り直すものだ。先述した阿修羅像の修理について、みうらじゅん氏は、実物は現状維持にして、別に現在の阿修羅像をつくればよい、と述べた。阿修羅像の推定模造品製作の提案であり、適格な指摘だと感じる。

業界では複製品やレプリカは実物から精密に型取りやスキャンしたものを言い、模造品は実物を参考に別の人の手によって初めから制作するものを指す。ちなみに正倉院宝物の模造品は材料・構造・技法が実物と同じ仕様でつくられ、これは過去に「復元模造」と呼ばれていたが[36]、現在は「再現模造」という語が使われている[37]。土器における「推定模造」はあくまでも仮のかたちを把握できればよく、必ずしも材料・構造・技法を実物に合わせる必要はない。ちなみに、土器の「推定復元」は実物の破片を組み込んで仮のかたちを把握しようとするためのものである。

縄文土器にも推定模造の類例がある。出土した土器の破片数が少なく、接合しても遺存率の低いものは復元がためらわれる。しかしどうしても全体像を把握したい場合は、他の出土例を参考に模造品をつくり、実物破片には手を付けずにそのまま保存する。私の手掛けた東京都御殿山遺跡の縄文草創期土器の推定模造品製作を例に、その意図と過程を紹介する。

この土器の破片数は少なく、底部もない。口縁部を除いて破片の明確な位置を知ることができない中で、全体の形を復元することは困難である。しかし土器のイメージを想起させるものとして、また今後の研究のたたき台としての役割を考え、推定模造品の製作が計画された。一万年近くを経た土器ゆえに劣化の度合いは著しく、扱いは特に慎重を要する。土器破片の上下の厚みを計測し、曲面から土器直径を割り出しつつ部位を推定する。これをもとに全体を粘土で復元し、監修者が精査検討した上で合成樹脂に置き換え、着色して完成した。

作業にあたり最優先したのは、当然ながら実物破片の情報であるが、何しろ破片の数が少ない。そこで土器の観察者はどうみているのか、発掘調査報告書を参照した[38]。そこには「口縁部はかなり開くものと考えられる」とある。ところが実物破片の口縁部、胴部の直径は近似しており、口縁部を開かせると不自然なくびれが生じてくる。しかも「胴部はいずれも直線的な破片」と報告するように、実際の破片は直線的である。このことから、口縁部がさほど開かないかたちと推測した。破片に痕跡としてある孔については、報告書にあるように「二孔を一対として同一円周上に三単位が配されたものと推測」に準じた。この破片の部位については曲面から割り出した径から、口縁部に近い場所よりは胴部の高さ半分よりやや下方になった。結果的には波状口縁で丸底、高さは二〇・五㎝、口径は一七・五㎝の推定模造品となった。この地味に見える波状口縁であるが、粘土で模造することによって、実に丁寧で繊細な作業により成形されていることがわかった。本体造形の基本は板状にした粘土の積み上げによるが、つくり手は最後の口縁部の「波」だけのために至極細い粘土紐を積んでいる。直下の粘土がやや硬くなってから口縁部用の細い粘土紐を一周積む。上から少し外側に向かって指で押し付けると、下の硬くなった粘土の反発を受けて粘土が外側にはみ出す。さらに押し付けて谷をつくり、隣はつまんで山を作る。これを繰り返して一周するのだが、はみ出た部分があたかも隆帯を張り付けたように仕上がるから不思議である。

この模造品をみて奇異に感じた方がいるだろう。なぜなら胴部に孔が開いているからである。おそらく類例はない。これまでの出土例に照らし合わせると、この手の孔はもっと上部の、口縁部近くに穿《うが》たれている。修復監修者によっては出土例に倣い、口縁部付近に配置する可能性もなくはない。しかしイメージを先行させるのではなく、あくまでも実物に依拠し、実物破片の情報と報告書の記載を参考に推定した結果このようなかたちになったのであり、前例にある孔の位置に合わせて口縁部付近に破片を配することはできない。現在言えることは三つある。一つは私の方法論が間違っていること。一つは当時にはこのような土器があり、これから他所で出土する可能性があること。もう一つが上部の破片群とこれらに接合しない孔のある破片群が、別の個体である可能性である。孔のある破片群は、前例にあるような、上部に位置するもう一つの個体かもしれないのである。実物を組み込んだ推定復元品とは異な

御殿山遺跡出土の縄文土器
（武蔵野市立武蔵野ふるさと歴史館所蔵、著者撮影）

り、実物破片は何ら手を加えられることなく観察できる状態にある。だからこそ、今後も精緻な検証や議論が可能なのである。

土器修復の理想像

立派な美術品のような共繕いの修復品はどこか誇らしく見える。しかしそこに土器の製作者ではない他者の妥協した作為が紛れ込んでいるとしたら、どうだろう。これは絵画の修復でいえば禁じ手なのである。私たち修復家でさえ、参照する他の共繕いの土器のどこまでを信用してよいのかに迷い、困惑する。私はかつて、様々な誤解を避けるためにも、補填部のわかる仕様にすべきだと書いた[39]。時にある「補填部は一見わからないが、よく見ればわかるような仕上がり」という監修者の主観的な指示は、結果的に他者が見ると補填部のわからないものに仕上がる。また共繕いを容認する人から時折聞こえてくる「鑑賞者が共繕いの土器に慣れている」という言い方は正しくない。そもそも共繕いされていることを鑑賞者は知らないからである。それを言うならば鑑賞者には実物破片の貴重性がいや増すような、補填部の判別可能な土器に慣れてもらうべきだろう。私は節度のある土器修復の指針は設けるべきだと考えている。

遺物の「無い部分」をどう仕上げるか。欠失部位を正確には復元できないことや、意識的な欠損、すなわち縄文人のふるまいの痕跡である可能性についてはすでに述べてきた。だとすれば、無い部分をあるもののように補填することには余程慎重でなければならない。「全てそろっている」かのような仕様は、出土品から美術品に格を上げることに関係する。格上げのために美術品の修復では禁じ手の「推測による作り込み」を行って良いはずはない。一方、「全てはそろっていない」ことをみせる補填部の判別可能な修復はいたってシンプルだ。補填部の色合い、マチエールを実物の破片に似せるのではなく、破片を引き立たせるような品の良い色を、土器全体の色合いを考慮して調合し、補填部を着色する。ただしこの色彩については修復家のセンスに拠るところが大きい。

土器修復の理想像を考えるとき、私には絵画修復家の山領まり氏の言葉がひとつの指標だ。山領氏はこれまで、長野県の無言館に収められた戦没画学生の作品を修復してきた。もとの状態に近づけるのが修復だと考えてきた山領氏だったが、欠損部位の補修が絵の劣化という「自然の法則」に介入することにあたり、かえって絵の命を奪うように感じられるようになったという。その思いを経て修復した大貝彌太郎の絵画「飛行兵立像」は、欠損部分が明確に判別可能な損傷そのものも尊重した絵画となった。山領氏は言う。「この絵に限って、描かれた当時よりは今のほうが力があるのかもしれない[40]」。私はこの絵を見た時、欠失が不思議な美しさを醸し、同時に歴史を放射するという稀有な絵画との印象を持った。具象の油彩画の一般的な鑑賞では、描かれた対象や技法に注目はしても、ものとしての物質性についてまで気にとめることはないであろう。しかし「飛行兵立像」の場合、物資の不足した時代の絵の具の質や劣化の過程はそのものが歴史であり、「もとの状態に近づけない」修復によってものとしての歴史までも含めた鑑賞法を見事に提示しているように思う。

縄文土器の修復で使われる材料は決して土器に優しいものではなく、再修復での破損、汚損もまた完全に防ぐことはできない。手を加えることで土器の命を奪ってはならないのである。私は土器の修復においても最小限の修復で美しさと歴史を感じさせる方法が必要だと考える。[41] 無い部分をないと提示し、そこから無いことの意味までを問いかける修復、それが理想である。あるいは修復をしないという選択肢もある。代わりに推定模造品を作り、破片は整えられた環境のもとでそのままの状態にしておく。これは破片の精査や保存には最も適した状態である。また、推定復元によって組み込んだ実物の破片を、必要な時には取り外すことができるような方法も考えられる。私がかつて長野県日向林A遺跡の縄文土器（長野県立歴史博物館所蔵）で行ったのがこの方法である。この場合の復元部分を実物破片の「演示具」と考えるならば、そこはあえて土器の質感とは異なるものにして、破片の稀少性や美しさを演出するのも良いかもしれない。

日向林A遺跡出土の土器
（長野県立歴史館所蔵、著者撮影）

　縄文遺物の修復、観察を通じてわかったのはその「わからなさ」である。それはおそらく私の造形思考とは異なる、ものやかたちの生成過程に原因がある。縄文土器を修復するとは、縄文時代という「向こう」に合わせることだ。わからないままに良かれと思う修復は、ただ「こちら」の満足に過ぎず、慎みからは程遠い。

　引き続きあの時代を生きたつくり手と使い手へは、敬意を払っていきたいと思う。

最後に、今このような一文を上梓することができたのはほかでもない、私をかたちづくってくれた方々のおかげである。学生の私に縄文文化の奥深さを、論考だけではなく現代の文化との比較によって諭してくれたのが小林達雄さん（國學院大學名誉教授）であり、その後現代アートをやる私を疎んじる風もなく、むしろ関心を持って声をかけ続けてくださった。学生時代に考古資料の保存や造形の手ほどきをしてくれたのは内川隆志さん（國學院大學教授）であり、今でも研究室への出入りを許してもらっている。盟友の石原道知さん（武蔵野文化財修復研究所）からは修復やアートの議論を通じて様々な知見を授かった。結果として私というかたちは分類の困難な、現代においては奇態と相成ったわけだが、有難いことにそこに着目して執筆を誘ってくれたのが古谷嘉章さん（九州大学名誉教授）であった。ここに謹んで感謝の意を記します。

＊1：神奈川県と東海大学が展開する「ともいきアートサポート事業（創作×地域展示）」の取り組みとして、東海大学課程資格教育センター准教授の篠原總氏を中心に行った。神奈川県立伊勢原養護学校の高校三年生とともに三時間×三回のプログラムである。サポート役の東海大学四年生にも制作をしてもらった。作品は東海大学松前記念館に展示（二〇二二年）。

＊2：十字形土偶のレプリカを用いた作品が『つくる、こわす。のこる、きえる。（三内丸山遺跡土偶の場合）』（二〇二一年）である。出土した部分と、欠失して今は存在しない部分とを見開きでセットにした。欠失部分の推定ができるのは「十字形」という規範が判明しているからである。

＊3：ゲシュタルト心理学の同じ系統として、エドガー・ルビンの考案した「ルビンのつぼ」という絵がある。

壺の絵ではあるが向かい合う人物の横顔の絵にもなるというもので、心のはたらきによって図と地が入れ替わる。私には『るうびんの壺　あなたは何を見ているのか』(二〇一八年)と名付けた土器の作品がある。土器の文様を見たひとりは凸部を男、女、子ども、ゼンマイと見立て、豊穣を表わしているというかもしれない。もう一人は、重要なのは凹部のほうではないのか、という。なぜなら凹部はひらがなで「る・う・び・ん」と読めるではないか——。

＊4：私は「大山石」を柱状のまま縦位に半裁し、一方を加熱した。五個体行ったうちの四個体が横位に複数に割れ、一個体は横位方向へのヒビにとどまった。すなわち石棒であれば四個体は輪切りになったのである。これら五個体すべてを元のかたちに接合し、『石棒材料大山石の魅力』(二〇一三年)という作品にして展示した。焼かなかった半分は原石そのものの状態を表し、被熱変化が確認できるようになっている。

〈註〉

(1)堀江二〇一六、一八四～一八八頁
(2)インゴルド二〇一七、三〇頁
(3)インゴルド二〇二〇、一五頁
(4)江坂一九七五、一九五頁
(5)江坂一九八三、九～一〇頁
(6)今津二〇一八、三四～三八頁
(7)朝日新聞東京本社版、二〇一七・三・二一朝刊
(8)「縄文土器・土偶が「変造」されている」『サンデー毎日』二〇一五年七月一五日号、一八頁、毎日新聞出版
(9)東京国立博物館二〇一八、一九九頁、二七三頁
(10)小林一九八八、三〇二頁
(11)堀江二〇〇九a、六一～六二頁、二〇〇九b、二～三頁
(12)今村二〇一〇、三四頁

(13)今村一九八七、一二四〜一二七頁
(14)今村二〇〇三、三五頁
(15)井上二〇一四、一八〜二三頁
(16)金子二〇〇九、一二〜一三頁
(17)猪風来二〇二〇、七一頁
(18)能登二〇一一、五四頁
(19)松本二〇一七、九四頁
(20)古谷二〇二〇、一四五頁
(21)布施二〇〇一、一五七〜一六〇頁
(22)木村一九六七、一九八頁
(23)テヴォー二〇一七、七九〜八二頁
(24)岩手県埋蔵文化財センター一九八二、二五九〜二六〇頁
(25)『東海大学キャンパスニュース』二〇二一・一一・二四
(26)モリス二〇一五、七四〜七九頁
(27)クラウンオーバー一九七三、七九頁
(28)佐川二〇〇九、一一三頁
(29)柳二〇一一、七四〜七五頁
(30)インゴルド二〇一七、　五二〜五七頁
(31)三内丸山遺跡センター二〇二一、三七頁
(32)谷口二〇一一、五〇〜五一頁
(33)鈴木二〇一二、一一〇頁
(34)山本二〇一七、二一二頁
(35)堀江二〇一一、三九頁

(36)小田急美術館一九九六
(37)西川明彦(寄稿)『御大典記念特別展　よみがえる正倉院宝物　再現模造にみる天平の技』朝日新聞東京本社版、二〇二二・一・二五朝刊
(38)加藤建設二〇〇四、一四〜一八頁
(39)堀江二〇〇八、一二六四〜一二六五頁
(40)「無言館の扉　語り続ける戦没画学生」NHK『日曜美術館』二〇二〇・八・九放送
(41)堀江二〇〇九c、一九七〜一九九頁

〈文献〉

秋田県埋蔵文化財センター　一九九四　『白坂遺跡発掘調査報告書』
井上洋一　二〇一四　「呪術のかたちとその展開—縄文人の祈りの世界」『日本美術史』山下裕二・高岸輝監修　美術出版社
(公財)岩手県文化振興事業団埋蔵文化財センター　一九八二　『盛岡市莇内遺跡』岩手県埋文センター文化財調査報告書32
猪風来　二〇二〇　『土夢華2　猪風来の新縄文芸術論考とその実践』　猪風来美術館
今津節生　二〇一八　「X線CTスキャナによる阿修羅像の調査」『阿修羅像のひみつ　興福寺中金堂落慶記念』朝日新聞出版
今村啓爾　二〇一〇　「縄文土器と芸術的創造」『考古学ジャーナル』597
今村啓爾　一九八七　「文様の割りつけと文様帯」『縄文文化の研究5』雄山閣出版
今村啓爾　二〇〇三　「縄文土器とは何か—美術史のためのアウトライン」『國華』第1293号、國華社
インゴルド、ティム　二〇一七　『メイキング　人類学・考古学・芸術・建築』金子遊・水野友美子・小林耕二訳、左右社

インゴルド、ティム　二〇二〇『人類学とは何か』奥野克己・宮崎幸子訳、亜紀書房
江坂輝彌　一九七五『日本の美術2　縄文式土器』小学館
江坂輝彌　一九八三「土偶・土版・変造考」『月刊考古学ジャーナル214』ニューサイエンス社
エヴェレット、ダニエル・L.　二〇一二『ピダハン「言語本能を超える文化と世界観」』みすず書房
小田急美術館　一九九六『「蘇る正倉院宝物」展―復元模造の120年』朝日新聞社
加藤建設株式会社埋蔵文化財調査部　二〇〇四『御殿山遺跡　第2地区　N地点』
金子賢治　二〇〇九「原始美術―縄文から古墳時代へ」『日本美術史ハンドブック』辻惟雄・泉武夫編、新書館
木村重信　一九六七『現代絵画の解剖』SD選書14、鹿島出版会
木村重信　一九七六『人間にとって芸術とは何か』新潮選書
クラウンオーバー、デービッド　一九七三「部族芸術家と近代の博物館」『部族社会の芸術家』スミス、マリアン・W・編、木村重信・岡村和子訳、鹿島研究所出版会SD選書75
國學院大學博物館　二〇一六　特別展『火焔型土器のデザインと機能』展示図録
小林達雄　一九八八「縄文土器の文様」『縄文土器大観2』小学館
齋藤亜矢　二〇一九『ルビンのツボ　芸術する体と心』岩波書店
佐川光晴　二〇〇九『牛を屠る』解放出版
三内丸山遺跡センター　二〇二二『特別展　あおもりの縄文世界』
鈴木素行　二〇一二「大形石棒が埋まるまで―事例研究による「石棒」(鈴木2007)の改訂」『縄文人の石神～大型石棒にみる祭儀行為』谷口康浩編、六一書房
東京国立博物館(編集)　二〇一八『縄文―1万年の美の鼓動』NHKほか
谷口康浩　二〇一一「縄文土器の造形から読む縄文人の心」『縄文土器名宝展―縄文芸術の到達点』山梨県立考古博物館
テヴォー、ミシェル　二〇一七『アール・ブリュット―野生芸術の神髄』人文書院

能登健　二〇一一　『列島の考古学　縄文時代』河出書房新社
布施英利　二〇〇一　「シュヴァンクマイエルへの道」『シュヴァンクマイエルの博物館・触覚芸術・オブジェ・コラージュ集』国書刊行会
古谷嘉章　二〇二〇　『人類学的観察のすすめ　物質・モノ・世界』古小烏舎
堀江武史　二〇一六　「縄文人の暮らしと現代アート―歴史を再発見・再創造する」『ひとが優しい博物館』広瀬浩二郎編著、青弓社
堀江武史　二〇〇九a　「糸切り技法による玦状耳飾の製作」『玦状耳飾（玦飾）の製作技術からみた玉文化交流』日本玉文化研究会
堀江武史　二〇〇九b　日本玉文化研究会長野大会発表要旨補遺「日本出土玦状耳飾の製作技法　長野県大町市、飯島町の出土品を観察して」
堀江武史　二〇一一　「縄文と現代をつなぐ美術表現の試み　今昔の関係性をカタチに」『飛ノ台史跡公園博物館紀要　第8号』船橋市飛ノ台史跡公園博物館
堀江武史　二〇〇八　「縄文土器の修復・複製・復元品の活用」『総覧縄文土器』小林達雄編、アム・プロモーション
堀江武史　二〇〇九c　「東京大学浅野地区出土弥生土器の修復―実物破片を見せる修復をめざして」『東京大学埋蔵文化財調査室発掘調査報告書9　東京大学本郷構内の遺跡　浅野地区Ⅰ』東京大学埋蔵文化財調査室
松本直子　二〇一七　「縄文土器と世界観」『物質性の人類学―世界は物質の流れの中にある』古谷嘉章・関雄二・佐々木重洋編、同成社
モリス、デズモンド　二〇一五　『人類と芸術の300万年』別宮貞徳監訳、柊風舎
柳宗理　二〇一一　『エッセイ』平凡社
山本典幸　二〇一七　「マテリアリティとしての敷石とその場所が創る特異な景観―縄文時代中期終末の石棒を残す敷石遺構」『理論考古学の実践　Ⅱ実践篇』安斎正人編、同成社

第三章　遺物の修復について人類学者が考える

——断片・経年変化・複製・展示

古谷嘉章

1　修復とは何のために何をすることなのか

遺物の生涯の一コマとしての修復

土の中から出てくる埋蔵文化財とよばれる大昔の遺物を修復するという営み。それは普通の人の日常生活には関りがない考古学という特殊な世界の中の作業だというのが、おおかたのイメージであろう。修復が行われる現場に足を踏み入れたり、修復の作業を見たりする機会も、大多数の人にとっては、おそらく一生縁がない。そもそも文化財の修復に携わる修復家とよばれる職業があることを知っている人がどれだけいるだろうか。

私たちがたとえば縄文時代のような何千年も前のことを知りたいと思えば、その時代に書かれた文字資料もなく、あまりにも大昔で口頭伝承もあてにならないので、出土する遺物というモノを頼りにするしかない。ではあるが、発掘の現地説明会に馳せ参じるような考古学ファンを除けば、普通の人たちは、出土品に直に向き合って理解を試みるより、遺物から得られた情報を専門家が文字で書かれた知識に加工してくれるのを待って、そこから遠い昔についての情報を入手することに慣れっこになっている。遺物も出土したときの姿ではなく、修復を施されて、言わばお化粧した姿で展示され、普通そこにはキャプションと呼ばれる説明書きが添えられていて、モノを観るより先にそれを読む人も多い。

博物館の展示品には、ことさら「修復済み」などというキャプションが添えられているわけではないので、目の前にある縄文土器が、出土したそのままの姿ではなく入念な修復を経たモノであると気づいたり、それに特別な関心をもったりする人は珍しいだろう。たいていの人は、それが本物なのか複製なのかには興味があるかもしれないが、修復が施されているのかどうかについては、多分ほとんど全く気にしていない。要するに一言で言えば、遺物の修復という営みは、一般の人々にとっては、目の届かないブラックボックスなのである。

そもそも修復済みであるか否かを問わず、博物館の展示品は一般の人々から距離がある。その理由として、物理的に触れ合う機会の乏しさということがある。最近では、展示品に触ることができる展覧会や、触ることをテーマとした展覧会も見かけるようになってきたが、いまのところ大半の博物館では、「触れることができる」のは、ごくごく限られた機会や限られたモノだけで、貴重とされるモノはガラスケースの中に収められ、あるいは手の届かない陳列台の上に置かれて、手で触れることは出来ず、眺めることができるだけである。宝物《ほうもつ》の拝観のようだと言えないこともない。たしかに博物館の展示品と宝物の間には共通点がある。それは、現在の姿を保つこと、つまり「現状保存」が何よりも優先されることであり、そしてそれは実は、エントロピーが不可逆的に増大する私たちの生きる世界にあっては実現不可能なことでもある。

縄文時代のモノのような先史時代の遺物は、何千年ものあいだ人知れず土の中に眠っていて、ようやく発掘されて陽の目を見たと思ったら、すぐに俗世間からは隔離されてしまう。現代のモノと混ざってしまったら困ったことになるからである。出土するモノにも色々あるが、土器や土偶（の断片）の場合なら、まず付着した土や汚れを落とすために洗浄される。しかる後に、計測などが行われて記録され、出所由来が遺物そのものやラベルに記入され、考古資料となる。壊れていれば発掘の担当者や作業員が石膏や接着剤で仮接合し、欠損部分を補填するなどして、応急処置が施される。発掘に付随するそうした整理作業が終われば、とりあえず収蔵庫に保管されて、「箱入り娘」や「箱入り息子」になる。特段目を引くところのない月並みな遺物であれば、発掘調査報告書に図面が載って紹介されることもなく、幽閉の身で余生を送ることになるが、御眼鏡に適ったごくごく僅かな遺物には、専門家の手で入念な修復が施され、その中のさらに僥倖に恵まれたモノだけが、表舞台で展示ケースに納められて御披露目の栄に浴し、見学者の視線を浴びるということになるというわけである。

コルネリウス・ホルトーフ（Cornelius Holtorf）という考古学者の論文に「ひとつの土器片の生涯についての覚書[1]」という一篇があって、シチリア西部のモンテ・ポリッツォという丘の上の集落遺跡から出土したひとつの土器片が、さまざまな偶然とさまざまな判断を経て目出度く考古資料となって、博物館の収蔵庫のプラスチックケースの中のビニール袋に落ち着くまでの生涯を描き出しているのだが、それは、紀元前五世紀か六世紀のある時点に粘土を原料にして作られて始まったこの土器片の生涯のごく一部分にすぎない。その後につづく生涯では、他の土器片と接合されて復元され、展示ケースの中に置かれて照明を浴びることになるのかもしれない。寓話めいたホルトーフのこの論文が私たちに気づかせてくれるのは、考古資料というモノが出来合いのかたちで地面の中から出て来るわけではなく、出土したさまざまなモノを素材として作り出されるものだということである。ここで「作り出す」というのは捏造するという意味ではない。発掘地点の選定から始まって、さまざまな偶発的要素と人為的判断が働きあって、遺物同士の競争を生き残り、しかじかの理由で保存するに足る学術的価値をもつ資料として認知されることになるのである。ホルトーフの論文の土器片のような、「考古遺物」と呼ばれることになったモノの生涯の中で、修復という営みは、発掘現場での出土や博物館での展示と並ぶ少しばかり華やいだイベントかもしれないが、長い生涯の中の一コマにすぎないことに変わりはない。すでに数千年もの長い生涯を経てきた遺物は、これからも、せいぜい数十年の私たち人間の人生に比べれば信じられないくらい長い生涯を過ごしていくことになる。つまり旅の途中なのである。

本章で考察すること

そうした修復のプロセスそのものについては、本書のこれまでの章で修復の専門家によって充分に論じられてきたので、ここで再び詳しく取り上げるつもりはないし、そもそも私はその専門家ではない。では文化人類学を専門とする私が本章で考えてみようとするものは何なのか。それは先史時代の遺物を修復するという非常に専門的な営みを、もう少し広い文脈に置いて、さまざまな考察へと開いてみたいということである。もう少しわかりやすく言えば、物質やモノについての私たちの考え方、つまり物質やモノをめぐる私たちの文化を、遺物の修復という事例を通して探ってみようということなのである。具体的には、「修復が何をめざしているのか、望ましい修復とはどのようなものなのか」といった問いを投げかけることによって、「修復文化」とでも呼ぶべきもののなかで暗黙の前提とされている価値観なり物質観なりといったものを炙り出すことを試み、さらにその前提が、修復という領域だけに限られるわけではなく、私たちの日常の物質観と地続きのものである可能性を探る試みである。それはまた、「考古学」あるいは「埋蔵文化財」といった専門領域で行われている営みを、それが埋め込まれている、より広い社会という文脈に置いて考察してみるということでもある。それはいわゆる「社会考古学」的な問題提起ということになるかもしれない。つまり現代社会において考古学の調査研究がどのような社会的意味をもつ営みなのかを問い直す試みの一環として、発掘と研究そして展示をつなぐ要の位置にある修復という営みを焦点化してみようということである。

本章では以下のような問いについて順次考察していく。①欠損による完形の不在に修復はどのように対処しているのか、するべきなのか、②時間の推移がもたらした変化に修復はどのように対処しているのか、するべきなのか、③複製とは修復とどのような関係にあるのか、あるべきなのか、④展示は修復とどのような関係にあるのか、あるべきなのか、⑤修復とは単体のモノのなかで完結するのか、あるいは複数のモノの群を視野に入れる必要があるのか。まずは、問題の全体を概観しておくことにしよう。

最初に考察の対象とするのは「断片」(fragment)である。断片になって出土したモノをどのように修復するのか、いつでもどのような場合でも正しい解答というものはない。そうした中で、修復家の仕事は、物質としての保存のために必要最低限の処置にとどめて修復という介入をできるだけ少なくしようとするベクトルと、欠損部分を推定してできるだけ完形に近く復元して見栄えをよくしようとするベクトルの間で、実際に施すべき修復の姿を模索する、簡単には結論の出ない試みであるようにみえる。つまり、「最低限の介入」という職業倫理にもとづくブレーキが作用している一方で、少しでも修復を上積みさせようとする「完形偏重」の圧力がアクセルとして働いているようにみえる。完形を目指すこの欲望、言い換えれば「断片に分かれてしまっている状態」をできるだけ元の状態に戻そうとする欲望は、いったい何に由来するのであろうか。修復において断片と欠損がどのように見られているのか、完形へと復元することによって得られるものと失われるものは何なのかという辺りから考察を試みてみる。

つぎに注目するのは「経年変化」(aging)である。つまり、修復を依頼されたモノが年月を重ねて古びて変化しているという事態に対して、修復家はどのように対処しているのか、するべきなのか。出土する遺物のすべてが断片になったり欠損したりしているわけではないが、遺物にかぎらず物質的なモノは例外なく経年変化を体験している。星であれ、私たちの身体であれ同じことであり、修復を施した後のモノも経年変化を免れることはできない。それに対して修復という営みは、時間を止める、あるいは時間を巻き戻そうとする介入のプロセスである。しかしそれはそもそも時間に逆らう不可能な企てと言えるだろう。では、経年変化に対する適切な介入とは、どのようなものなのか。

つづいて俎上に上げるのは「複製」(replica)である。複製とは、実物とは別にそれに限りなく似せて作ったモノであるが、まず何を似せることを重視するのかという点で多様である。まったく同じ素材で、まったく同じ技法で作るのか。素材や技法は二の次にして外観をそっくりにすることを優先するのか。さらにそのモノの生涯のどの時点の複製を作るのか。何に使用するために複製を作るのか。このように同一のモノの複製であっても、実に多種多様なものでありうる。さらに複製はマテリアルなものとは限らない。デジタルデータに基づくヴァーチャルな複製は、実物やマテリアルな複製とどのような関係にあるのか。そして、製作される複製は、実物に対して施される修復とどのような関係にあるのか、ありうるのか。

そのつぎに取り上げるのは「展示」(display)の問題である。考古学者がモノを発掘するのは、過去の人々の暮しを理解するための研究資料として使うためである。しかしそれ以外のことにも活用される。その重要な用途のひとつが展示なのであれば、何のために展示するのか。そこで実物と複製は、どのように違う役割を担っているのか。展示は、どのように修復するのかという問題とどのように関係しているのか。こうした問題が浮上してくる。

そして最後には、そもそも単体のモノのレベルで修復は完結すると考えてよいのかという問いを提起したい。修復をめぐる様々な問題は、単体のモノのレベルで解答を見つけようとしても限界があるのかもしれない。もしそうであるならば、実物をはじめとして、色々な種類の複製や、デジタルの3Dレプリカなども含めて、複数のモノの相互補完的役割、チームワーク、合わせ技、ネットワークといったレベルに焦点を合わせてみるほうが、修復について稔り多い議論を生み出すことにつながるのではないか。

ではさっそく、「縄文土器などの先史時代の遺物を修復する」という営みを、広い文脈に置いて、さまざまな考察へと開く探究を始めてみよう。

2　断片より完形を偏重すること

さまざまな断片化

先史時代の遺物、とりわけ土器や土偶などの土製品は、断片化して出土するものが圧倒的に多い。縄文時代の遺物もその例にもれない。しかし、考古学者ではない一般の人々が目にすることのできる遺物は、たいていは博物館や資料館の展示品であり、それは完形であるか、修復して完形に近い形にしたモノが多いために、出土品の大半が断片である事実は知られないままである。せっかく山ほどある土器片なのだからもっと人目に触れる機会をつくっても良さそうなものだが、特段とりえもないような土器片を展示するために割くようなスペースの余裕はないのだろう。博物館によっては、新潟県立歴史博物館のように、膨大な数の縄文土器などの破片を壁いっぱいに並べて陳列している所もあるし、船橋市飛ノ台史跡公園博物館のように、新型コロナウイルス感染症の流行前は、何の変哲もない土器片を山盛りにして展示室に置いて見学者が触《さわ》れるようにしていた所もある。しかし管理上の懸念などの問題があるのか、そうしたことが何処でも当たり前になっているとは言えないようだ。その結果、保存場所に困るほどの大量の土器片が、廃棄することもできず、人目に触れることなく収蔵庫のなかで眠り続けるということになる。

本節で俎上に上げたいのは、「欠損による完形の不在に修復はどのように対処するのか」という問題であり、それは「完形」そしてそれと対を為す「断片」についてどう考えるのかという射程の広い考察につながってゆくのだが、そのためにまず検討しておかなければならない問いがある。断片化して出土する遺物は、そもそもなぜ断片化しているのか。それには、さまざまな理由がある。大別すれば、「壊れたもの」と「壊したもの」の二種類である。自然に壊れるものがあるのは致し方ない。何と言っても何千年間も地面の下に埋もれていれば、焼成温度が低いために比較的脆い縄文土器などは、地震など特別な力が加わらなくても、土圧などのために壊れたとしても不思議ではない。土に埋まる前にすでに壊れていたモノというのも当然のことながら少なくないことは、私たちの日々の生活のなかで思いもかけずモノが壊れてしまうことからも想像がつくだろう。壊れて使えなくなってしまったモノを、私たちはゴミとして廃棄するが、修理して使い続けることもある。縄文時代の人々の場合も、修理して使い続けた証拠も見つかっている。何か別の用途に転用した可能性もある。廃棄したように見えることも多いのだが、それが私たち現代人の考える「廃棄」と同じ意味をもつのかという点については不明な部分も多い。盛土や捨て場や貝塚とよばれる場所から出土する土器片は、私たちの言う「ゴミ」とは違った意味をもつモノである可能性が大きいのである。

壊れたモノよりさらに厄介なのは、意図的に壊して埋めたモノが少なくないとみられることである。壊した理由については、「機能を無効にするため」とか、「別の世界に送るため」とか、事例に応じて色々な推定がなされているわけだが、壊した理由は、私たちの想像を超えて千差万別だろう。この出土遺物の「断片化」(fragmentation) という問題の理論化に執心しているジョン・チャプマン (John Chapman) というイギリスの考古学者がいる。彼の「意図的断片化」(deliberate fragmentation) 説は、「壊れたモノは、偶発的破損あるいは化石生成的プロセス、別の言い方をすれば人間の意図とは無関係なプロセスの結果以外の何物でもないとする観念[2]」が考古学者のハビトゥスに深く染み付いていることの弊害を指摘しており、偶発的な破損、破損が理由で埋めたモノ、儀礼的に「命を絶たれた」モノ、豊穣を確かなものとするための撒布といった解釈では、一つのモノが分割されて生じた破片のうち行方不明のものがあることを説明できないと主張する。そこで、バルカン地方の中石器・新石器・青銅器時代の遺跡から出土する土偶や貝輪などのなかには、意図的に破壊された後に交換されたり埋納されたりしたと見られるものが少なくなく、それは「人々や集団のあいだに継続的な絆を創造し維持するための連鎖化(enchainment)のプロセスのなかで、意図的に断片化してその断片を使用した」事例として解釈できると述べている。[3]議論の詳細は略すが、同一のモノが壊れて生まれた断片のなかに、そこに残っていないもの、そして別の場所で発見されるものがあり、その背後に、敢えて壊して作り出した断片を別の場所の別の人や集団に手渡すという営みを推定できるというのが、彼の「意図的断片化」説の要点である。この説に従えば、完形だった状態に勝るとも劣らない重要性を、断片が分配されていた状態がもつということになる。一つのモノをなしていた諸部分が断片化後も保ちつづける関係は、実際に修復を行う際に、そして修復について論ずる際にも、きわめて重要な意味をもつ。要するに、ふつう思われているのとは反対に、断片は関係の不在を意味するのではない。断片は断片であることによって、むしろ他の断片、他の場所、他の人へと繋がっている可能性がある。一言で言えば断片は、チャプマンの言う「連鎖化」へと開かれている。欠損は、つながりの指標《インデクス》である可能性が濃厚なのである。

モノを意図的に分割して断片化した理由としては、また別の可能性もある。例えば序章でもふれた、《仮面の女神》や《縄文の女神》など、意図的に壊された後に特定の方法で埋納あるいは「廃棄」された土偶などは、それにあたると推測される。そうした処置を行った人々の考えでは、断片化されたモノが割れた状態でありつづけることが目的の成就にとって不可欠だったに相違ない。つまりこの場合、完形ではなく（今日でも尚）断片化したままであることこそが望ましい状態なのである。であるならば、それを、壊れているモノは修理するべきだという安易な考えで接合して良いのだろうか。修復の最終目的が、遺物となったモノを作って使った人々の行動を理解することであるなら、断片化に込められたメッセージの理解を助ける方向で修復は行われるべきである。修復家はたんなる修理屋であってはならない[4]。

他方、出土した後で断片化することもある。脆弱化していて地中から取り上げたり運搬したりする作業の中で壊れてしまうというようなハプニングもないわけではない。しかし、つぎに注目したいのは、そうした人為的ミスによる破壊とは種類を異にする、地震によって破壊された縄文土器の事例である。二〇〇四年一〇月二三日に新潟県中越地方を襲ったマグニチュード六・八（最大震度六強）を記録した「新潟県中越地震」の際に、南魚沼郡津南町の「農と縄文の体験実習館なじょもん」に収蔵されていた火焔型土器や王冠型土器などの相当数が被災して壊れ、なかには粉々になったものもあった。しかし幸いなことに、二〇〇五年の開館に合わせて常設展示のために土器を二年間借用することになっていた九州国立博物館の協力で、借用予定の三点を含めた一二点の土器を本格的に修復することができ、その経緯については『よみがえる被災火焔型土器[5]』という詳細な記録が公刊されている。

その時の修復では、新たに割れた箇所だけでなく、石膏で接合されていて割れてしまった部分も含めて、全体を解体してクリーニングが行われ、もともと遺存せず復元されていなかった部分も、できるだけ類例を参考に復元を試みたようである。底部が欠損していた土器については、結果として復元によってやや丈が高くなってプロポーションがかなり変わったものもある。しかし、最新の技術によって修復し直したことによって修復の前後で何よりも変化したのは、欠損部分を復元して着色した結果、「なじょもん」学芸員の佐藤雅一さんの言う「鄙《ひな》の復元」とは様変わりの、完形と見紛うばかりの姿に生まれ変わったことである。これは修復を請け負った（株）芸匠の修復家の技量もさることながら、両館の関係者のあいだで合意に達した以下のような修復方針が、まさにそれを目指していたことによる。そこでの修復方針は、来館者が「火焔型土器の素晴らしさを感じていただけるような修復」というのが基本で、「縄文土器の全体的な器形や文様の構成が一目でわかるよう、接合部分や欠損部分があることを来館者に感じさせないほどに、四千五百年前につくられた縄文土器の当時の姿を忠実に復元するというもの」（傍点引用者）だった[6]。さらに二点補足しておくと、九州国立博物館の博物館科学課長が「観覧者からは遺存部と違和感がなく土器本来をイメージできるようにしながら、研究者には明確に違いがわかるものとしました[7]」と述べており、さらに、「この修復事業を……「保存」だけでなく「展示」という博物館固有の活動の一環と位置づけることにより、これまでにない一歩踏み込んだ対応[8]」ができたと記している。以上に明らかなように、欠損部を最大限に補填した完形の姿での復元、しかも復元した部分とそうでない部分との「判別可能性」を必要最小限に抑えた修復は、（博物館固有の活動である）展示という用途と密接に結びついており、この点については後でまた取り上げることになる。

出土した後に生じる断片化の事例には、地震のような自然現象に起因するものだけでなく、人為的なものもある。つぎに紹介するのは、出土品ではないが、数奇な運命を辿った古伊万里の磁器の生涯である。オーストリアのウィーン近郊のロースドルフ城では、城主のピアッティ家が時間をかけて蒐集した古伊万里をはじめとする陶磁器が室内を飾っていたが、第二次大戦中に侵攻してきたソ連軍の兵隊によって陶磁器は粉々に破壊された。戦争で二人の息子も失った城主夫妻は、戦後、城内や敷地内に散らばっていた破片を拾い集めて、特別に設けた「破片の間」で「戦争がもたらす無意味な破壊の象徴として」公開した。彼らの孫にあたる現城主夫妻がさらに渡り廊下を新設するなどして、陶磁器片のインスタレーションの公開は七五年間にわたって続いてきた。そこに転機が訪れる。夫妻が二〇一五年に訪日して茶道家の保科眞智子さんと知り合ったことがきっかけとなり、美術史家の荒川正明さんの協力の下で陶磁器片を修復するプロジェクト（「古伊万里再生プロジェクト」）が始動したのである。但し、「戦争の破壊を記録する」ことを望み、「修復された状態よりも、このような〔破片のままの〕形の方が、後世に伝えるメッセージは力強く、大きいかもしれない」と考えているピアッティ家の意向を汲んで、その一部のみを日本に運んで修復することとし、また「もとの形がわかるように、破片をつなぎ合わせて形をつくる」組み上げの技法も駆使して修復を行った。[9] このような方針をとることによって、「元々の姿を思い浮かべることはできるが、逆に失ってしまったもの、取り返しのつかないものの大きさを実感する」[10] ことも可能になったのである。その成果は二〇二〇年から二〇二二年にかけて東京都、瀬戸市、萩市、有田市の四カ所で催された展覧会『海を渡った古伊万里―ウィーン、ロースドルフ城の悲劇』で公開された。この事例では、戦争中に被った暴挙の無言の証人としての陶磁器片の力

『海を渡った古伊万里』展ポスターのひとつ（大倉集古館開催のもの）

を削ぐことなく、他方で、それが最高品質の芸術品であったことを伝えるという二つのことを同時に実現することを課題としていた。そしてそのように明確な目標設定の下で初めて、個々の断片に対してどのような修復が適切であるかを決定することができたのであり、これは非常に有益な教訓と言えるだろう。いつでもどこでも最善のものとなることが保証されるような修復法というものは存在しえないのである。

以上にみてきたいくつかの事例――意図的断片化、地震で被災した土器、暴力的に破壊された後に長年にわたって展示されてきた陶磁器片――から明らかになるのは、断片となっているモノを修復する作業において、完形に復元することは選択肢のひとつにすぎず、場合によっては、それは真に復元すべきものを封印してしまう危険を内包しているということなのである。

断片と欠損には意味がある

本書の共著者である石原さんと堀江さんは、修復家であると同時にアート作品を制作し、それを展覧会にも出品してきた。注目すべき点は、二人にとってアート作品の制作は、修復という本業と密接に結びついているだけでなく、補完的関係にあるとさえ言えることである。それは一言で言えば、アートという揺さ振りをかけることで出土品の様々な潜在的可能性に光を当てる試みということになるが、ここでは二人の作品のいくつかを取り上げることによって、修復における断片と欠損というテーマを側面から浮び上がらせてみたい。二人の作品では、欠損そして断片がくりかえしテーマとして取り上げられているが、その理由のひとつは明らかに、彼らが修復の作業で日常的にそれを見ているからであろう。修復を依頼されるモノとは典型的には、一部が欠けていたり、壊れたりしているモノである。しかしさらに本質的な理由は、そこにないモノがどのようなモノであるのかを見極めることが、そこにあるモノがどのようなモノであるのかを見極めることと同じくらい、修復の方向を決めるために不可欠であるからに他ならない。

まず船橋市飛ノ台史跡公園博物館で二〇〇〇年から毎年開催されてきて、現在では『縄文コンテンポラリー展inふなばし』という名称になっている展覧会で展示された石原さんの作品のいくつかを取り上げてみたい。《土器をみようキャンペーン2008》[11]と題された作品は、船橋市内の貝塚出土のビニール袋で個包装された多数の土器片を展示したもので、発掘されても展示されることのない出土遺物を「できるだけ沢山の人に見る機会を与え、新しい世界観の創造を促したい」という趣意説明が添えられていた。その延長線上にあるのが《土器をみようキャンペーン2012「土器片」》[12]で、「縄文時代の土器には故意に壊されたとみられるモノが存在する。故意に土器を壊す儀礼があったのかもしれない」、「復元できない土器片の中に、結構おもしろい形のものが多数あります」というキャプションとともに二〇個の土器片を展示し、それらの土器片は「その土器の「タマシイ」部分かもしれない」という興味深い感想を記している。さらに、土器片

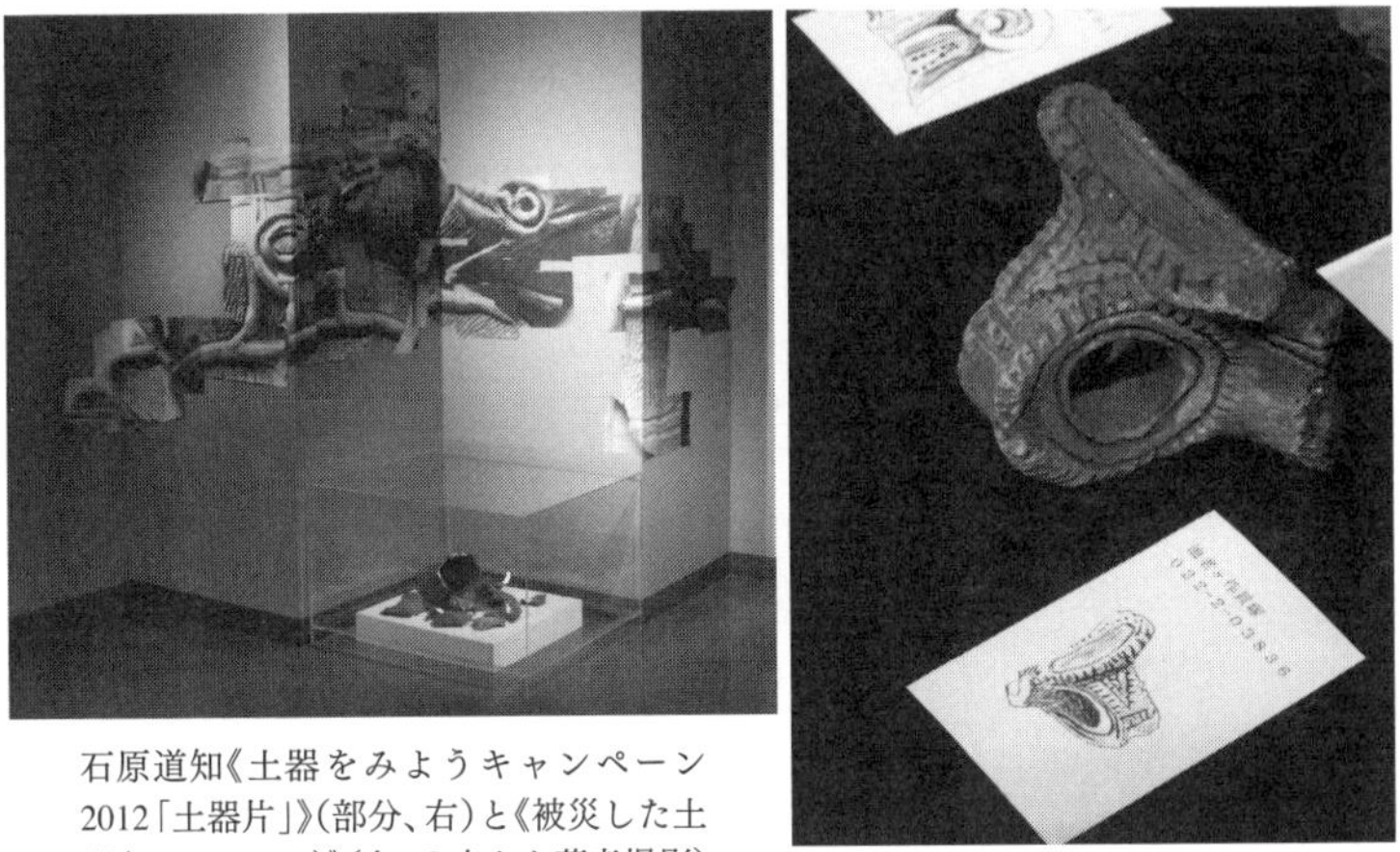

石原道知《土器をみようキャンペーン2012「土器片」》（部分、右）と《被災した土器（069-1-00058）》（左、2点とも著者撮影）

のそれぞれをスケッチしたカードを多数用意し、気に入ったカードを持ち帰ってほしいと提案している。これは土器の「タマシイ」部分（正確にはその代替物）を分配することによって、さらに別の連鎖へと繋いでいくことを誘う仕掛けと言えるだろう。

二〇一一年の《被災した土器（069-1-00058）》と題された作品[13]は、いささか趣を異にする。展示されていた高根木戸遺跡出土の縄文土器は、壊れた状態で出土して石膏で修復されていたものであるが、東日本大震災で被災して再び壊れてしまった。展示では、その壊れたままの深鉢を平置きし、その土器の各部分の写真を印刷した紙片をデイヴィッド・ホックニーのジョイナー・フォトの手法で少しずつずらして重ねながら上方の壁面に貼り付けてあった。図録掲載の作者による説明には「ひとつの視点が土器を観察する目の動きでそこに時間の経過が生じます」とある。この「ひとつの視点」とは修復家の視点に外ならないが、より正確に言えば修復家は、時間をかけて複数の断片を順番に観ていきながら、同時にそれを繋ぎ合わせて「診る」のだろう。この作品が主題化するのは、モノが言わば触知的・断片的・キュビスム的に体験される修復のプロセスであり、それと同時に、製作され、土に埋もれ、壊れた状態で出土し、修復され、展示され、地震で再び壊れるという、「形成」(formation)と「変形」(transformation)という考古遺物が体験したプロセスそのものであると言ってもよいだろう。

ここで取り上げた石原さんの作品が遺物を通常とは違った方法で見せるインスタレーションであるのに対して、つぎに紹介する堀江さんの作品は、新たにモノを作り、それを介して遺物への違った見方を誘《いざな》うという点で、いま少し手が込んでいる。まず二〇一八年に新潟県津南町の「なじょもん」で開催された個展『縄文遺物と現代美術』で展示された《おくりもの　ここにはないものをあなたに》という作品[14]では、茨城県椎塚遺跡出土の欠損部分を補填して修復された土偶を素材として取り上げ、欠損部分は、縄文人が「気持ちを託して、どこかへ、誰かにおくったものかもしれない」ので、「縄文人にはここにはないもの、のほうが重要なのかもしれない」と説明している。具体的には、その土偶を型取りした雌型を八個つくり、その凹部の全体を暗色に塗って、(八個のそれぞれで別々の)一部だけを遺存部分に見立てて石膏で復元して金色に彩色したものを嵌め込んだ作品であるが、いわゆる「クレーター錯視」によって凹が凸にみえる。つまりここにないものがあるようにみえる。この作品が提起するものは、前述のチャプマンが「断片化」と「連鎖化」というキーワードを用いて提起している「意図的断片化」と重なる。つまり紛失したものとして見過ごされてしまいがちな部分こそが重要な意味を担って、ここではないどこかに存在している可能性がある。この理論が地域や時代を限定せず広く適用できる可能性があるならば、出土した断片以外の部分を推定で補填して完形のモノとして復元してしまうことには、慎重の上にも慎重であるべきだろう。欠けている部分、欠けているという事実こそが何よりも重要だということになり、修復はまさにその「欠如」という状態を復元する任務を担っているからである。二〇一二年にメキシコ大使館での『マヤ・縄文の根』展ほかで展示された《つくる、こわす。のこる、きえる。(三内丸山遺跡土偶の場合)(15)》も趣旨は共通する。欠けた所がある土偶の形に合わせて、木製パネルに孔を二つずつ穿《うが》ち、一方の孔には遺存部分の石膏製レプリカを嵌め、他方の孔

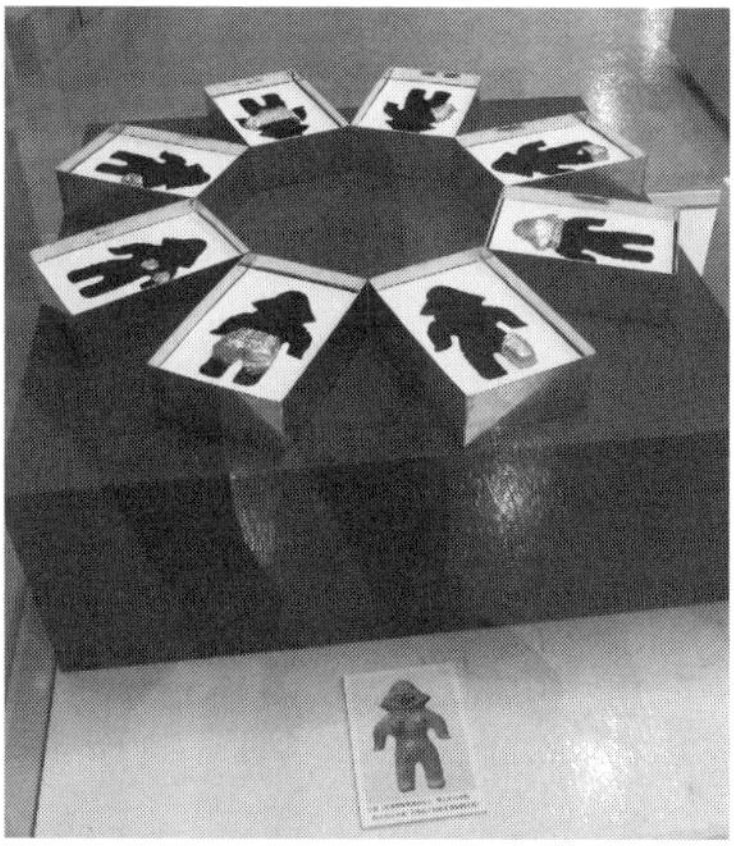

堀江武史《おくりもの　ここにはないものをあなたに》(著者撮影)

堀江武史《つくる、こわす。のこる、きえる。(三内丸山遺跡土偶の場合)》(著者撮影)

には欠損部分を象った石膏製模造品を嵌め、前者には錫箔を貼り、後者は遺跡の粘土を塗り、それが対をなしていて、土偶十二個分つまり十二対ある。この作品は、出土した遺物と(未だ)出土していない遺物の等価性を可視化している。出土した遺物は、他のどこかでは消滅してしまった遺物でありえ、ここでは消えてしまっている遺物は、他のどこかで出土しているか、これから出土する遺物でありうるのである。

ここで紹介した作品に限って言えば、石原さんの作品は、出土してここにある断片を、堀江さんの作品は、出土せずここにはない断片を前景化している。方法は異なるが、どちらの作品も、断片を完形より劣ったモノ、不完全なモノとしてしか見ない姿勢が、見えないものに気づくことを妨げてしまう可能性に注意を喚起している。

欠損部分を推定復元することに伴う問題については、縄文土器のデザインが単調な繰り返しではないことに言及しつつ、既に第一章で石原さんが論じているが、そこで浮き彫りになるのは、安易な推定による欠損部分の復元は、万人受けする見栄えの良さと引き換えに、その遺物に対して一般の人々のもつイメージを大きく歪めてしまうだけでなく、考古学の調査研究を阻害してしまう可能性もあることである。前述の被災土器の修復に際しては、遺存部分と復元部分の違いが「研究者には明確にわかるものとしました」と責任者は説明しているが、卓越した技術で復元されたモノを、実物ではなく写真などで見た場合、その強い印象が無意識のうちに研究者の解釈にさえ影響を与えてしまう可能性がまったくないとは言えない。それくらい欠損部というのは扱いが難しい危険物なのであり、徒や疎かに復元してよいものではないのである。

完形に復することが修復の目的か——芸術品修復との比較

つぎに考古遺物の修復にとって、芸術作品（美術作品）の修復理論が何を示唆するのかという点について、「完形の復元」という論点を中心に検討してみたい。まず、すでに序章でふれた『古今東西—陶磁器の修理うけおいます』という本から話を始めよう。同書で、イギリスと日本で陶磁器の修復を学んだ甲斐美都里さんは、英語で修復を表わす言葉である「レストレーション」(restoration) が意味するのは「用途は別にして壊れた外観を元の状態に戻すこと」であり、それは「元通り使える状態に戻すこと」を意味するわけではないと書いている。[16] つまり外観の復元が修復の主たる目的とされているという指摘である。同書ではまた、西洋における陶磁器蒐集の目的がコレクションの形成であり、その際に「完全な品」だけを蒐集することが望まれているというイギリスで出版された蒐集指南本の記述を紹介し、「その背景には勿論、完全なものしか認めないという西欧の美意識がある」[17] とまとめている。では、西洋における修復では、完全な外観を復元することのみに価値を見出すと結論してよいのであろうか。私としては、この見解にすぐに同意することに躊躇いを感ずる。というのも、西洋の芸術品修復の理論化において要とも言える位置にある『修復の理論』のなかで、著者のチェーザレ・ブランディ (Cesare Brandi) が、欠損や瑕疵を補修して見かけの完全性をめざすことは、少なくとも芸術作品の修復に関しては、望ましいことではないと明言しているからである。

「介入の根拠を合理的に打ち立てることを試みた[18]」とされる同書においてブランディは、「芸術作品とはある特異な統一体を享受するものであり、それゆえそれを部分による総体とはみなせない[19]」と述べる。そこで彼のいう「統一体」が芸術作品であればそのモノに必然的に備わっているはずの「完全なもの（＝全体）」という属性を指すのに対して、「総体」とは部分が全部揃って完形を成している状態を意味するにすぎない。彼はそこから次のような論理的帰結を引き出す。まず、芸術作品は「物理的にたとえ断片に砕かれたとしても、断片一つ一つにおいてなお潜在的には全体として存在しつづけるはずである[20]」。そして、「欠けて断片に分かれた芸術作品の場合に、そこに〔失われた部分を想像で補完する〕類推を介入させることが可能であるという考えは否定されよう[21]」。したがって、「芸術作品という全体としてのオリジナルな状態を取り戻そうとする介入措置[22]」は基本的に否定されるというのがブランディの主張である。つまり作者ではない人間が類推によって欠損部分を補うことは、モノの総体としての状態を回復することにはなっても、そのモノを芸術作品たらしめている統一性を回復することはできないのだから、そのような介入は控えるべきだということになる。もしやむをえずそうした補完を行うなら、その部分は「容易にそれと識別できるものでなければならない[23]」。

ではブランディのこの議論は、考古遺物の修復にとってはどのような意味をもつのだろうか。考古遺物の修復についての彼の考えについては、第一章で石原さんも触れていて、修復家の立場から、それに対する若干の違和感を表明しているが、ブランディは、芸術作品においては「容易に修復箇所を識別できるものでなければならない」、その点で「いわゆる考古学的修復と呼ばれる公理の多くとは相容れない[24]」としている。ここで言う「考古学的修復」とは何を指すのだろうか。それを明らかにするために、彼が「遺物」や「考古学的修復」に言及している他の数カ所の記述を参照してみよう。まず建造物という遺物について論じている箇所では、「それに加えるべき処置は補完的なものとしてではなく、あくまで保存的な処置にとどめるべきである[25]」と書いている。さらに別の箇所に、「いわゆる考古学的な修復」では「芸術作品に関して意識の根本をなすもの、つまり潜在的な統一性を再び構築しようという熱望を成し遂げてはいない[26]」という記述もある。芸術作品とのそうした違いを裏書きするように、「物質に芸術家によって刻み込まれた形の刻印がほとんど消えうせ、……本来それを構成していた物質の残余物にまで成り果ててしまったような場合」を「遺物」と呼んでいる[27]。あるいはまた、遺物とは「人間の歴史を証言するものすべてなのだが、しかしもともと持っていた以前の姿とはかなり違うものとなっており、ほとんどそれと認識できない姿となっている[28]」。一言で言えば、遺物とは「人間活動の産物の残存物にほかならない[29]」とも書いている。

以上の記述からわかるのは、ブランディを始めとする審美眼をもつ人々が芸術的価値を確認することができるモノつまり芸術作品と、人間活動の産物ではあるが芸術作品ではないモノがあり、そして遺物は後者のカテゴリーに属し、かつては芸術的価値をもっていたかもしれないが今はそれを喪失するまでに変貌してしまっているモノあるいは芸術的価値を有していたことは一度もない過去のモノであって、それに対するしかるべき修復とは「考古学的修復」(「保存的修復」)つまり状態の悪化を抑える最低限の処置を施すことである。これがブランディの考えということのようである。

私がここで、芸術作品の修復についての論考であるブランディの『修復の理論』に言及したのは、作者が作品に与えた芸術的価値（つまり彼の言う「全体」という「統一体」）を十全に回復することは不可能であるから、欠損を補完したり、作者の手を離れた後の経年変化の痕跡を除去したりして推定復元を行うのは原則的に控えるべきだとしていることを確認するためであった。要するに、完形の外観（彼の言う「総体」）を復元することが最善の修復であるという理念が西欧の修復思想の根幹にあるとは、どうも言えないようなのである。

蛇足を承知でさらに付け加えれば、西欧の審美観のなかには、実は断片に美を見出す美意識はけっして例外的ではなかった。それは例えば、考古学者マッツ・ブーストレム（Mats Burström）の「断片に特有な審美観がロマンティシズム同様、モダニズムとポストモダニズムにおいても承認されてきた。断片に対するモダンな関心は、ルネサンスまで辿ることができ、古代のモノの出土に密接に結びついている(30)」という一文に要約されている。さらに補足すれば、比較文学者レオナード・バーカン（Leonard Barkan）は、『過去を掘り出す』（*Unearthing the Past*）という著作で、ルネサンスにおいてギリシアやローマの彫刻の断片が価値を与えられたのは「価値は元々そのモノに内在していた性質と結びついているので、断片化によってその性質は減少することはあっても消失してしまうわけではない(31)」と考えられていたからだと述べている。つまり完形でなければ価値がなくなってしまうという考え方はそこにはなかったということになる。例えば序章でふれた《ミロのビーナス》の事例でも、出土した際に欠損していた両腕の復元に関して、類例にもとづいて複数の案が出されたが最終的な決着に至らず、現在でも欠損したままだが、それによって芸術的価値が減損したとは考えられてはいないようである。また、オーギュスト・ロダンのトルソや手の彫刻作品に代表されるように、近代彫刻においては断片が欠損ではなく完形として、つまり完成作として価値を認められている。「断片の美」というテーマは、それ自体として追究するに値する興味深いテーマであるが、残念ながら本章ではこれ以上の考察は控えざるをえない。

それはそれとして、芸術作品についてのブランディの議論のなかで、そのネガとして浮かび上がる遺物というモノのカテゴリーに再び注意を向けてみたい。彼が言う「遺物」とは、考古学で言う遺物と基本的には同じもの、つまり長い年月を経ていながら、かつての形が知覚できる程度には残っているモノを指しているが、彼は遺物に積極的に肯定できる価値を見出しているわけではなく、遺物に相応しい修復方法も芸術作品の場合とは異なると考えている。そこでブランディの議論から離れて私が提起したいのは、遺物というモノに考古学が認めている価値とは何なのかという問いである。そこには、考古学的価値という、考古学者であれば誰もが同意し、だれもが見極めることのできる価値というものが存在するのであろうか。もしそのような価値が存在するならば、修復が目指すべき方向を判断する究極的な基準をそこに求めることができる。しかしそうでないならば、どのような修復方法を是とするのか、その根拠はどこに求められることになるのかの判断は難しくなる。これは大きな問題で、本章ひいては本書はまさにそこに照準しているのだが、問題の核心は、そうした共通の基盤をめぐる議論が不足していることにあるのかもしれない。ここでは、ひとまずは問いとして提起しておくにとどめたい。

3　経年変化とアンチエイジング

実物も修復品も年をとる

廃墟というモノがある。それは建造物が崩れて朽ち果てるに任せた結果であり、時間が刻んだ摩耗や亀裂のせいで、かつては何かであったモノが、もう何でもないモノになりつつある途上にあって、何であったのかの名残を、辛うじてとどめているモノである。つまりは修復されることなく放置されたモノの残骸であり、修復家にとっての悪夢である。反面教師だと言ってもよい。万物を瓦礫にしてゆくエントロピー増大の法則が凱歌を上げている舞台が廃墟であるならば、修復の技は、エントロピーという難敵に抗うべく、その強みや弱みを解析する「エントロポロジー」(entropology)、つまり「エントロピーの学」ということになるのかもしれない。

本節で俎上に上げるのは、「時間の推移がもたらした変化に修復はどう対処するべきなのか」という問い、つまり「経年変化」(aging) をどう扱うべきかという問いである。改めて言うまでもないが、縄文時代の遺物は出土した時点ですでに、そのモノが製作された時点から数えて数千年、場合によっては一万年以上もの年月を経ている。それゆえに当然のことながら、既にみてきたような断片化も起きるのだが、壊れていなかったとしても、そのモノを構成する物質は多種多様の不可逆的変化を蒙っており、それに加えて発掘されて外気の酸素に触れた途端にさらに急速に劣化する。出土品は、言わば想像を絶するほど高齢化して脆弱化した状態で姿を現すわけだが、それに対しては、それ以上の変化を止める(正確には遅らせる)べく、保存のための応急処置を講ずることが何よりも優先されることになり、そこまでは誰にも異論はないだろう。とはいえ現状を固定することが不可能であることもまた抗いようのない事実である。

経年変化にどのように応ずるかという問題が本格化するのは、修復の方針を決める局面においてである。それを修復することになったとき、「最小限の介入」という原則に従うならば、必要最低限の保存的な処置にとどめるべきということになろう。あるいは時計の針を巻き戻して、過去のある時点の状態へと復元するべきなのか。では復元するとしてどの時点まで遡って復元するのか。これらの点に関する方針を決める必要が生じるのだが、それに関して誰もが同意できる唯一の正解はない。見解が分かれる第一の理由は、モノに蓄積されてきた経年変化をどのように評価するのかに関して、さまざまな意見がありうるからである。既に第一章で述べられていることだが、モノを戻すべき時点の選択肢として、①出土の時点、②廃棄あるいは埋納した時点、③使用していた時点、④土器製作の時点、の四つが候補として想定でき、そのうちのどの時点に復元するのかは、経年変化にどのような価値を見てとるかに連動している。というのも、ひとたび復元すべき時点が決まったなら、遺すべき経年変化と捨てるべき経年変化の線引きが行われ、その時点以降に生じた経年変化については、記録には遺すとしても、モノ自体からは払拭・末梢することになるからである。④の時点つまり新品の状態へと復元するという場合なら、使用開始後のすべての経年変化は邪魔物として排除されて初期化されることになるが、モノの使用痕を重要な情報とみなす考古学においては、そのような極端な復元は非常に稀であろう。じつは芸術作品の修復の場合でも、前述の本でブランディは、「パティナに対する敬意[32]」という言い方で、経年変化を尊重すべきだと主張していて、完成時の状態を復元することを絶対視するそれまでの修復における経年価値の軽視を批判している。つまり、芸術作品には、芸術的価値だけでなく、遺物と同様に歴史的価値も存在するので、修復に際しても両者のバランスが重要であり、両者が両立しがたい場合には前者が優越するというのが彼の考えなのであろう。参考までに付け加えておく。

つぎに注目したいのは、修復なり復元なりがいちおう完成した後に起きる経年変化である。それが物質的なモノであるかぎり、不可逆的に増大するエントロピーから自由ではなく、時間の経過とともに生じる変化を免れることはできない。私たちはともすると、やがては老いて死ぬことが運命づけられている生物に比べて、命をもたない無生物であるモノは、経年変化のスピードが著しく緩やかであるような錯覚を持ちがちなのかもしれない。その点に関して興味深い事例をひとつ、遺物ならぬアンドロイドの話を紹介したい。ロボット工学者である石黒浩さんは、自分自身のアンドロイドであるジェミノイドを作ったのだが、数年経ってみるとそっくりではなくなってしまっていた。その理由は、「アンドロイドの哲学」という論文における石黒さん自身の言葉を引けば、「私自身は老化するが、ジェミノイドは人工物なので、若い状態を保てる[33]」からである。しかし正確に言えば「若い状態を保てる」わけではない。人間のような皺こそ刻まれていないが、シリコーン製の皮膚も劣化しているはずであり、普通の人間の目には、実物の皮膚の劣化に比べて無視しうるほど変化が小さいということにすぎない。前述の文につづけて石黒さんは「見かけをアイデンティティとする者にとって、最も顕著なアイデンティティはどの年齢において得るのだろうか」（同書）という問いを提起している。この問いを遺物に引き寄せてみると、また別の意味で興味深い。その遺物のアイデンティティにとって最も相応しい時点の状態に復元すべきであるとするなら、それは個々の事例で大きく違うことになるだろう。それは完成時点かもしれないし、廃棄した時点あるいは埋納した時点かもしれないし、出土した時点かもしれない。

　出土品であれ展示品であれ、私たちが目撃しているのは、モノの生涯のある時点、物質の生涯のある時点における特定のモノの状態であるにすぎない。つまり旅の途中なのである。復元という言葉には、「振り出しに戻す」ことが可能であるかのような語感があるが、実際に可能なのは一時的に「一齣戻す」くらいのことでしかない。修復の目的は時間がもたらす変化を止めることではないし、そもそもそのようなこと（不老不死）は不可能である。では何をめざすべきなのか。アンチエイジングや延命措置に相当するのが保存的な修復なのであれば、それは必要なことであろう。それが何だかわからなくなってしまう、つまりモノとしての同一性が失われてしまうような事態をできるだけ先延ばしするような処置を施すことには誰も異論はないだろうと思う。しかしアンチエイジングが、化粧的《コズメティック》なものにとどまらず、さらに整形外科的・形成外科的なものになってくるとなると、是とするのが難しくなり始める。延命措置にしても、展示室の空調（温度・

湿度・換気）や照明への配慮ぐらいなら推奨されても、誰が見ても「やりすぎ」と判断されるような延命措置というものも存在するだろう。いずれにせよ、どのように手を尽くそうとも経年変化は不可避的に進行するのである。そこで修復がめざすべきだと私が考えるのは、一言で言えば「より良く老いさせる」そして「寿命を全うさせる」ということになる。つまり「コントロールされた経年変化へと導く」ということになるが、一般論として言うは易し、具体的に行うは難しである。

修復における「可逆性」の問題

修復に絶対的な正解がないならば、修復において「やり直しが効く」ことは重要であるし、現在はまだ利用できないような新しい修復方法が将来開発される可能性があるならば、そのときに「やり直す」ことができるようにしておくことの意味も非常に大きい。そこで「可逆的な修復」が推奨されることになり、それについて異論を差し挟む人はいないだろうと思う。ではなぜこの原則が殊更に強調されるのかと言えば、その原則に反するような修復が、残念ながら実際には行われているということだろう。

修復の現場で具体的に問題になる「不可逆的な修復」に目を向けてみると、色々な種類が考えられる。油彩画への後世の補筆を洗浄すべきか否かをめぐってなされた、かつての「洗浄論争」で争点とされたのは、遺すべきものを消し去ってしまう「覆水盆に返らず」型。その他に、不適切な着色や加工を施してしまった後で、付加した部分を消去できなくなってしまう「朱に交われば赤くなる」型。容易に除去できない接着剤で間違って接合してしまって、やり直しが不可能になっている「無理が通れば道理引っ込む」型などがある。ついでながら、この最後のタイプで原因となるのは、溶剤で容易に溶かせない接着剤であり、それにも各種あるようだが、本書の第一章では、修復家を困らせる厄介者として、エポキシ系の接着剤とならんで漆が挙げられていた。漆は縄文時代から塗装や接着など色々な用途に使用されていたもので、それがかくも強い接着力をもつことに意外の感をもつ人もいるかもしれないが、逆から見れば、「可逆性」が要求されない道具の修理のための接着剤として非常に適していたというわけである。「金継ぎ」という伝統的な陶磁器修理法でも、名前に反して接着しているのは漆であって、金は仕上げに使われているだけである。縄文時代の接着剤としては天然アスファルトもあって、鏃の装着などに使われていたが、序章でもふれたように、青森県八戸市で出土した国宝の《合掌土偶》でも、割れてしまった（あるいは割った）部分の接合に天然アスファルトが使われていた。話を元に戻そう。いずれにせよ、間違った修復なのに元に戻せないような杜撰な修復を減らすには、その解決策を職業倫理と修復技能訓練の領域に求めるべきであろうし、そのためには適切な資格制度の導入も必要であろうと私は考えている。しかし、経年変化があるかぎり、修復をする前の状態にはけっして戻れないのだから、厳密な意味で「可逆的な修復」は原理的には不可能であることは肝に銘じておく必要がある。

修復における「可逆性」に関連して再度確認しておきたい重要なポイントは、絶対的に正しい修復が存在しないことである。別の言い方をすれば、修復とは論文と同様に、修復家がその時点で最善と考える解釈を提示したものであるにすぎず、それは批判や訂正に対して開かれている必要がある。であるならば特定の遺物の特定の修復に関しても、闊達な議論がなされるべきであろうし、そのためには、その解釈に関して修復家と監修する研究者が対等に責任を持てるように、修復のプロセスにおいても対等な協力関係が必要になるだろう。そして、その不可欠の前提として「ドキュメンテーション」つまり保存修復の詳細な記録を作成することが要請される。保存修復研究者の田口かおりさんが紹介しているアレッサンドロ・コンティ(Alessandro Conti)の言葉どおり、「選択的にならざるをえない一連の作業において、失われてしまうことになるもの一切にかんする記憶をとどめること」[34]は修復に不可欠の部分を構成する。このことが、修復に関わるすべての人の常識にならなければならない。

4　実物をとりまく複数の複製

複製とは何か

複製と修復は原理的に別のものである。複製は可能なかぎり実物(本物)に似せて作った別物であり、修復はあくまでも実物(本物)に対して施される処置である。もちろん複製を修復するという事態も想定できるが、その場合は、複製そのものが「本物」として扱われているのであって、ここでの議論からは除外してよいだろう。しかし複製と修復がまったく無関係かと言えばそうではない。場合によっては、両者が著しく近接することもあり、競合することもあれば、補完しあうこともある。その辺りの事情について考察することを通じて、両者をめぐって起こりうる問題、そして両者のあいだに可能な望ましい関係を探ってみることにしたい。

本題に入る前にまず確認しておきたいこととして用語の問題がある。「複製」という用語で意味するものに、どのようなモノを含めるべきなのか。修復の世界では複製を意味して「レプリカ」(replica)という言葉も同義語として使われる。「レプリカ」には、製法も材料も寸法も厳密に再現した、本物と全く区別がつかない、言わばクローンのような複製はもちろん含まれる。しかし博物館で展示されている、見かけは本物と寸分違わないモノでありながら、まったく別の素材を使用し、重さや手触りなどの点では違いがあるモノも「レプリカ」には含まれるようである。つまり許容範囲に幅がある。他方、一般的な用法では、コピーであることが辛うじて認知できるようなモノ、サイズも作り方も素材も原物とはまったく異なるモノまでを含めて、似せて作ったモノ全般を「複製」と呼んでいる。しかし、そうした類のモノを「レプリカ」と呼ぶことはないようである。

以上のような状況を考慮して、ここでの議論では、修復の専門家の製作したモノで、原物を所蔵している施設の専門家のお墨付きを得たものだけを「レプリカ」と呼ぶことにしたい。他方、戸外に展示されている火焔土器や国宝土偶のモニュメントなど、可能な限り実物に似せること目的として製作されたモノで、実物との類似度が一定の水準を超えると認められるモノについては、「複製」という言葉を広く使用することにしたい。この意味での「複製」にあたる英語は「リプロダクション」(reproduction)となり、それにはいわゆる「模造」も含まれることになる。但し文脈によっては、「複製」の語をレプリカの同義語として限定して用いることにする。さらに、遺物に似せて製作されてはいても、実物をそっくり再現することとは別の目的をもつ多様なモノについては、装飾品やアクセサリーなども含めて一括して「コピー」(copy)と呼ぶことにする。このような用語法を採用する理由は、実物ではないが実物と見紛うモノである複製について、実物との関係で考察するという本章での目的に照らして、複製という言葉をせまく限定せずに使う方が妥当だと判断するからである。したがって修復の世界における現在の用語法に異を唱えることを意図するわけではないことを付記しておきたい。

さて、以上のような意味でレプリカと呼ぶことができるような複製は、修復作業の過程で、どのような目的で製作されるのだろうか。第一章での石原さんの解説では、複製を作る二つの目的が挙げられている。そのひとつは本格的修復前の状態を記録する実物のバックアップとしてであり、いまひとつは一般に公開するにあたって脆弱な実物の代わりに展示するためである。つまり〈未修復の出土品の複製〉と〈修復済みの展示品の複製〉という二種類の複製があることになる。なお、石原さんの解説では明記されていないが、後者に含まれるものとして、実物が脆弱なわけではないが、実物の代わりに貸し出すための代役として製作された、影武者のような精巧な複製もある。

このあたりの事情の理解には、序章でもふれた《仮面の女神》の事例が役に立つ。そこで製作されたレプリカは「脚部がとれた状態」一点と「完形に復元した状態」二点の二種類で、前者は「破損部分の状況や内部の観察」のために利用され、後者の一つは他館への貸し出し用さらに本物不在時の代役用で、もう一つは、長野県立歴史館に研究・展示用として所蔵されている[35]。ここで注意を引く点がいくつかある。第一に、完形に復元したレプリカは主として展示用だという点である。なぜ展示用には自動的に完形のレプリカが想定されるのだろうか。そこには当然、展示を観る人々が完形のモノを期待しているという暗黙の前提が潜んでいる。第二に、影武者とよべるようなレプリカが複数つくられて活躍していることである。もちろんレプリカが展示されている場合は、そのことが明記されたキャプションが添えられているのだが、おそらく多くの観覧者には本物とレプリカの区別はつかないだろう。現に私の場合も、尖石縄文考古館を数回訪れたなかで、《縄文のビーナス》と《仮面の女神》が両方揃っていたこともあるし、片方は貸し出されていてレプリカだったこともあるのだが、実物とレプリカを並べて子細に観察する機会は一度もなかったので、記憶の中では実物とレプリカの印象が曖昧になってしまっている。

さてその複製がどの時点の姿を写し取っているのかというのは、きわめて重要な点である。いま見た《仮面の女神》の場合は、出土後で修復前の時点と、修復後の時点の二種類が作られているが、それ以外の候補として土偶の製作の完了時点というのもある。やりすぎの復元を避けるためにも、出来立ての姿を写し取った複製というものは、今よりもっと活用されてよいかもしれない。現代人の誰も見たことのない新品の状態の土器や土偶を見せたい、見たいという欲求は無理からぬものだと思われるし、実は、それは展示用であるにとどまらない。例えば、第二章の「修復に代わる推定模造」の項目で堀江さんが触れている、ご自身が製作した東京都御殿山遺跡の土器の例のように、「今後の研究のたたき台」として役立てることもできる。もし仮に経費的に許されるならば、実物に施す修復とは全く別に、出来立ての状態はもとより、遺物の「生涯」のさまざまな時点の複製をもっと積極的に製作して活用することを検討すべきではないだろうか。

修復の役割、複製の役割

つぎに、修復された実物が果たすことを期待されている役割のうちで、複製では代替することのできない役割とは何かについて考えてみよう。また逆に、複製が果たすことができるが修復された実物では果たすことのできない役割というものがあるのか、あればどのようなものがそれにあたるのか、検討してみたい。

まず複製では実物を代替できないケースとは、どのようなものだろうか。突飛にみえるかもしれないが、ここで取り上げたい事例は、二〇〇一年九月に発生した「米同時多発テロ」の跡地「グラウンド・ゼロ」を舞台とする再建のプロジェクトである。それは悲劇を記憶にとどめて慰霊することを基調としていた。しかし、同時に報復戦争の一部をなすものでもあったことを反映して、崩壊したツインタワーより一〇〇m以上も高いビルの建設など様々な計画が提案され、議論が続き、工事が着工するまで何年もの年月がかかった。最終的に完成した建物群のなかで中心的位置を占めるのが、「ミュージアム」と「メモリアル」である。[36] 前者は崩壊したツインタワーの瓦礫そのものを展示物とする博物館だが、「残存物を展示に組み込んだ」意図について総括デザイナーのトム・ヘネス（Tom Hennes）は、「本当に現場だったのだという真正性を示す上で重要だった。記憶を呼び起こす手掛かりを与えたかった」と説明している。後者は、犠牲者の氏名が刻まれたブロンズの碑板に囲まれた深さ九mの二つの人工池であり、設計者の一人であるマイケル・アラッド（Michael Arad）は、《不在の反映》（Reflecting Absence）という作品名について「いない、ということに物質的な感覚を与えたかった」と述べている。[37] それぞれで言及されている「現場の真正性」と「いないということ」という論点、私の言葉で言い換えれば、「マテリアルな現前」と「マテリアルな不在」という論点は、本書全体にとって重要な意味を含むものであるが、この〈複製のゼロ地点〉ともいえる事例によって私が特に注意を喚起したい点は、失われたものを保存し復元するにあたっての複製の力には限界があるということである。それは技術的限界という以上に、複製によって目に見えるようにすることはできない、複製によって目に見えるようにすべきではないものがあるという意味での限界である。

国立9月11日記念館・博物館（National September 11 Memorial & Museum 出典：「A Place of Remembrance」）

　他方、実物ではない複製が意味ある役割を果たしている事例が数多くあることも確かである。その検討に先立って、まず、ユネスコの世界文化遺産登録の条件とされている「真正性」(authenticity)と「完全性」(integrity)という概念を参照したい。そこで言う「真正性」とは、文化遺産の形状・材料・材質などがオリジナルな状態を維持していることを意味し、「完全性」とは、顕著な普遍的価値を表すものの全体が残されていることを意味している。ここでは、それをそのまま適用するのではなく、少し手直しを加えて、「真正性」を、実物(本物)の重要部分が残存しているという意味での連続性、「完全性」を、そのモノの価値が不足なく示されているという意味での同一性と定義しなおしてみたい。この概念を用いて、欠損部分に最小限の修復を施した実物と、完成時の完形を再現した複製を比較してみると、前者には、改訂版の「真正性」つまり連続性を、後者には、改訂版の「完全性」つまり同一性を認めてよいだろう。もしこの見方が妥当ならば、二種類のモノに期待されている役割の違いが、ここに明瞭に示されているように思われる。つまり「連続性」を具えている実物の価値は、〈資料価値〉である。それは今後も新たな発見が期待できる情報の源泉であるが、欠損部分がそのままであるかぎり「完全性」については判定を保留せざるをえない。他方「同一性」を具えている複製の価値は、〈展示価値〉である。それは(あくまでも)現段階の研究の成果としての、そのモノの統合的イメージを伝達することができるが、出土品との物質的連続性は皆無なので「真正性」を認めることはできない。両者のうちのどちらが優越しているかを言うことはできない。目的に応じてどちらが適役か決まるだけである。

つぎに実物と複製の間の役割分担について実例に即して検討してみたい。こんどの行先は、アテネのアクロポリスの丘である。一九世紀の初めにエルギン卿によってパルテノン神殿などから剝ぎ取られた大理石の彫刻や浮彫は、大英帝国の首都に拉致され、今では「エルギン・マーブル」と称されて大英博物館で展示されている。パルテノン神殿の向かいのエレクテイオン神殿の玄関屋根を支えていたカリアティード（女像柱）のうちの一体も、建物から切り取られて断片と化し、大英博物館の奥まった展示室で二〇〇年余の年月監禁状態にある。他方、アテネの汚れた大気に曝され続けて表面が劣化した五体の同輩たちは、エレクテイオンから取り外されて、修復されたのちに、麓の新アクロポリス博物館の展示室内で、柱としての役目を解かれて並んでいる。そこでは、独りで大英博物館にいるカリアティードの占めるべき位置は空席のまま残されており、それは取りも直さず、原状が回復されるまでは全体が完形ならぬ断片でしかないという主張、つまり返還要求の表明となっている。そして現在、本来の位置で、エレクテイオンの軒を支えるという役目を務めているのは、六体の複製カリアティードたちである。この事例では、影武者のような複製が実物の身代わりとなって、汚染された外気の中で重労働に従事している一方で、実物はレーザー光線で表面のシミや汚れも除去されて、頭から重荷も下ろしてもらって、言わば介護施設で余生を過ごしているかのようである。つまり

大英博物館に展示されている
エレクテイオン神殿の女像柱
の１体（著者撮影）

新アクロポリス博物館に展示されているエレクテイオン神殿の女像柱5体(右)とアクロポリスのエレクテイオン神殿に設置されている複製の女像柱6体(左)。出典:The Caryatids in the New Acropolis Museum: Out of Sight, Out of Light, Out of Mind(2点とも)

ここでの複製は、実物には残っている「連続性」ではなく、実物には欠けてしまった「同一性」を体現しており、実物の延命のために身を削って尽くす代役としての役割を果たしている。特に注目したいのは、新アクロポリス博物館の実物のカリアティードが五体であるのに対して、エレクテイオン神殿の複製は六体だという点である。つまり、エルギン卿による強奪以後の状態を新アクロポリス博物館と大英博物館が分担して体現しているのに対して、神殿では強奪以前の状態が再現されている。今日の悲劇と昔日の栄光の見事な対比というわけである。

さまざまな複製

序章でふれた五つの国宝土偶のレプリカがそれぞれ何体ずつ製作されているのか確かめたことはないが、私自身、実物を拝見する前にすでに他の館でレプリカに御会いしたということもあった。このようにあちこちでお目にかかる複数の複製が生み出しているのは、ある種の既視感である。複製にも様々なレベルがあって、その頂上には本物と見紛うような精巧なレプリカがあり、麓に向かって下るにつれて、様々な出来の複製やコピーがあり、屋外のモニュメントから土産物のミニチュアを経て土器作りワークショップの作品まで、微妙に異なった外見の、収拾がつかないほど多数のモノが生みされている。そして、そうした膨大な数の複製のすべてにおいて、御手本とされた実物に施された修復もコピーされることになる。修復家はたったひとつの実物に修復を施したにすぎないが、そこで固定化されたイメージが、予想を越えた規模で拡散しているのである。蔓延する複製を見慣れている人々にとっては、出土したときの実物の姿は、もしかすると「真正性」を欠いたフェイクにしか見えないかもしれない。多勢に無勢とは、まさにこのことである。

新潟県の信濃川流域の五つの自治体で構成する、二〇〇二年に発足した『信濃川火焰街道連携協議会』という組織があり、二〇〇九年には市民からも広く賛同者を募る『ジョーモネスクジャパン』という組織が設立され、その活動のひとつに「縄文土器レプリカ設置事業」がある。それは縄文時代中期に火焰型土器が作られていた地域内で、駅前や博物館前や交通の要所などに、火焰型や王冠型の土器を拡大したモニュメントを設置する運動で、「地域ネットワークを強固にし、地域振興の一助としたい」と趣意書には記されている。同様のモノは他にも、長野県茅野市役所前に設置された市内出土の縄文土器のモニュメントや、茅野駅前や茅野駅前縄文公園に置かれた二種類の国宝土偶のモニュメントなど全国各地でみることができる。これらのモニュメントは、精確なレプリカではなくて、材料も異なり、実物より拡大されているのが普通であるが、日常生活の中に置かれて多くの人の目に触れることで、博物館に展示された本物やレプリカ以上に人々のもつイメージの形成に影響を与えているのではないかと思われる。例えば、火焔型土器という名称の端緒となった「火焔土器」という愛称をもつ土器を長岡市の馬高縄文館で初めて見た時、思ったより小さいという印象をもったのだが、おそらくその理由は、長岡駅前などにある拡大された複製を先に見ていたからだろう。こうした複製の増殖という現象は、修復をテーマとする本書の守備範囲を越えているが、「遺物をめぐるモノの生態学」とでも呼ぶべき興味深い研究分野の存在を示唆している。

つぎに復元と複製の違いという悩ましい問題にも、ひとこと触れておくことにしたい。全国各地の縄文遺跡にある史跡公園では、たいてい出土した竪穴住居跡の上か周辺に、復元住居が建て

［上］JR長岡駅前の「火焔土器」のモニュメント
［下］JR茅野駅前の「縄文のビーナス」（左）と「仮面の女神」（右）のモニュメント
（２点とも著者撮影）

られている。概して、新しいものほど、詳細な学術的根拠にもとづいて製作されていて、茅葺き屋根ではなく土葺き屋根が増えているのも御所野遺跡（岩手県一戸町）などでの新しい研究にもとづくものである。復元住居においては、ユネスコが定義する意味でも、私の改訂版の意味でも、「真正性」の条件を充足できるのは、（御所野遺跡の焼失住居跡の炭化材のような例もあるとはいえ）地面に刻まれた建物跡の部分だけである。三内丸山遺跡の大型掘立建物跡の場合も、柱だった栗材の一部は遺存していたが、建物自体は消滅してしまっていて、かつての姿は推定するしかない。では、不明な部分ばかりの建造物を何のために新築するのかと言えば、構造や工法や材料を研究するといった実験考古学的な意味もあるが、公園を訪れる人々に見てもらうため、つまり展示のためというのが第一の理由であろう。ところで、そこで復元されている建物は、厳密に言えば複製（レプリカ）ではない。原理的に言って複製というモノは、実物つまりオリジナルがあってはじめて成立しうる。であるならば建物跡の複製を作ることはできても、今では消滅してしまった縄文時代の建物の複製を作ることは不可能である。つまりそれは、欠損部分がある土器を完形に復元するのと同じように、大半が欠損していて土に掘り込まれた跡だけが遺存している建物の復元なのである。しかし建物跡と同一箇所ならまだしも、しばしばそうであるように、別の場所に建てられ

御所野遺跡公園（岩手県一戸町）の復元住居群（著者撮影）

ている場合、復元とよぶのは躊躇われる。そもそも史跡公園で「復元住居」を見学する人々は、自分が何を見ていると思っているのだろうか。欠けた部分を大量に補って復元した本物なのか、テーマパークの建物のような複製なのか。ほんの一つの断片でも実物が含まれているなら復元で、そうでなければ複製であるという区別の裏には、考えてみるべき問題が潜んでいるような気がする。

マテリアルな複製、デジタルな複製

複製の問題を考えるとき、久しい前からもう避けて通れないものになっている、デジタルあるいはヴァーチャルな複製について、マテリアルな修復や複製との対比という観点から考えてみたい。提起したい問いは、マテリアルなモノである実物をデジタルデータ（によるヴァーチャルな複製）がどこまで代替できるのかという点と、マテリアルな実物では不可能だがヴァーチャルなデジタル複製では可能なことは何かという点である。

まずマテリアルな実物の喪失という状況に対する、デジタルデータを活用しての対応という論点に関わる事例を二つ取り上げたい。一つ目は、二〇一八年九月にブラジルのリオデジャネイロの国立博物館で発生した火災である。漏電に起因すると見られる火災は、消火設備等の不備もあって、鎮火するまで六時間を要し、その結果二〇〇〇万点に及ぶ、考古学・民族学資料を含む貴重な収蔵品の九割が灰燼に帰した。詳細は略すが、事件の直後から、デジタルアーカイブ構築のために、全世界に向けてインターネットを通じて国立博物館の収蔵品のデジタル写真データの提供を呼び掛ける運動が始まった。せめてヴァーチャルな世界で国立博物館を「復元」しようとの試みである。(38)デジタル博物館やデジタル美術館の構想は、このような悲劇を契機とするもの以外にも、多様な試みがなされてきている。メトロポリタン博物館やスミソニアン博物館や大英博物館といった博物館でも、いまや収蔵品をスキャンしたものの一部については、個人がダウンロードしてデジタルモデルを3D印刷できるようになっているとのことである。(39)将来起きうる火災などの災害や事故に備えて、収蔵品をデジタルデータ化しておけば、確かに損害の程度を抑えられるだろう。しかしマテリアルな実物に含まれる情報をデジタルデータで一〇〇%代替できるわけではなく、データ化されなかったもの、できなかったものは失われていく。その意味では、デジタルデータを過信することには大きな危険が潜んでいる。とは言え、全方向から見る、内部を見る、複数の断片を接合してみるといった操作をはじめ、デジタルデータ化することで、マテリアルなモノでは不可能な色々な体験が可能になることも確かである。となれば、デジタルデータの限界を見極めたうえで可能性を追求する努力が欠かせないということになろう。

二つ目は、二〇一六年にイスラム国が破壊したシリアのパルミラの凱旋門の複製製作の事例で、そのプロジェクトでは、破壊前に撮影された多数の写真から作成したデジタルデータを用いて、「デジタル考古学研究所」(IDA)が精巧な複製(実物の三分の二の縮小模型だが高さ五・五m)を製作し、それをロンドンのトラファルガー広場を皮切りに世界各地で展示したのである。(40)これが破壊行為に対する抗議表明であることは明らかだが、縮小模型を人間の手で模造してもよかったかもしれないのに、写真を元に3Dプリンターで作成するという方法を採用した背後には、条件さ

2019年4月にジュネーブで展示された
パルミラ（シリア）の凱旋門の複製品
（撮影：Schweizer Markus）

え許せば実物大の凱旋門をパルミラに再建することも可能であるとのアピールを読み取ることもできるだろう。つまりそこで前景化されているのは、実物が何度爆破されたとしても、デジタルデータがある限り失われたモノの精巧な復元は繰り返し可能だとする思想なのである。

以上の二つは、実在したモノは失われてしまった状況の下で、蓄積されていた膨大な情報量のデジタルデータのどのような利用が可能だったのかを示す事例である。この状況は、デジタルデータが活用できなかった時代の状況と比較したとき、どのように違うのだろうか。すぐに気づくのは、保存性と操作性の飛躍的な向上である。ここで言う保存性の向上とは、データの複製が容易になり、それに加えて、保存のための特別な装置や設備が必要なくなったために、安全に確実に保存できる可能性が著しく高まったことを意味する。他方、操作性の向上とは、デジタルなデータであるために、マテリアルなモノを相手にしている場合にはとうてい不可能な様々な操作が可能になったことを意味する。単純な例をあげれば、回転させる、大きさを変える、光の当たり方を変える、色を変える、輪切りにする、内部を見えるようにする、落下させてみる、等々の操作である。しかし、デジタルデータがもたらす変化のなかで、何が最も核心的かつ革新的な変化なのかという点については、もう少し落ち着いて検討してみる必要がありそうである。対象との関わり方、対象の体験のされ方といった点で、私たちの気づかないところで、予期せぬ重大な変化がもたらされている可能性があるからである。

そこでつぎに、具体的な事例から少し距離を置いて、考古学や文化遺産学の領域におけるデジタル化を専門とする研究者からの、いくつかの理論的な問題提起に目を転じてみよう。「ヴァーチャル遺産」(virtual heritage)の専門家であるケヴィン・ガルスキ(Kevin Garstki)は、「記録保存のためのマテリアルなモノのデジタルデータ化」(digital 3-D representations)と、「デジタルな手法を用いての解釈の可視化」(digital 3-D reconstructions)を区別する必要を指摘している。前者がモノの経年変化や事故による消失に備えてのデータ作成と保存であり、文章や図絵や写真によるデータ保存の延長線上にあるの対して、後者は解釈者の頭の中にだけある画像を他の人が見ることができるようにするもの、というのが著者の区別である。[41] どちらの技術も有用であるが、内容には明らかに違いがある。前者は、実在するモノのデジタルデータの作成であり、後者は、マテリアルには存在していないモノのデジタルデータの製造である。

後者、つまりイメージのデジタルデータ化が考古学にとってもつ意義については、考古学者のファブリッツィオ・ガレアッツィ(Fabrizio Galeazzi)が「3Dヴァーチャルレプリカと過去のシミュレーション[42]」という論文で考察している。そこで強調されているのは、遺跡やモニュメントのデジタルデータに基づくヴァーチャルな3Dレプリカを利用することで、実物を詳細に観察する機会が多数の研究者に対して開かれ、実物を改変するような介入を行わずに、多様な解釈を可視化して検討することが可能になり、その結果として理解の質が高まるということである。つまりデジタルデータの活用によって多様な復元を試せるようになり、その試行的復元をデータとして保存することもできる。その結果、修復における「最小限の介入」や「可逆性」という制約からある程度解放されるというわけである。しかし、実物と、マテリアルなレプリカと、ヴァーチャルな3Dレプリカでは、それと人間との関係、そこで可能になる体験に違いがあることが予想される。その違いは、誤差の範囲内として無視し得るほど些細なものなのだろうか。

その問題に応答しているのが前述のガルスキで、彼は「視覚表象──3Dデジタル器物の製造」[43]という論文で、考古学が対象とする遺物や遺跡の「表象」(representation)を作成する技術としての3Dデジタル技術について、それに先行する写真術と対照しつつ論じている。彼によれば、二一世紀に入り考古学におけるデジタル技術の利用は急速に進んだが、それが「考古学的認識論」(archaeological epistemology)の中にどのように位置付けられるのか、そこでの「人間とデジタルなモノとの相互作用」(human-digital interaction)がどのようなものなのかを注視する必要がある。ガルスキによれば、写真は考古学の調査研究において、「視覚体験の標準化」に基礎を置く「機械的客観性」を具えた、主観的バイアスのない科学的かつ客観的な表象としての権威を獲得して、人間と遺物・遺跡との関り方を規定してきた。そこで働いていたのは、客観的な技術の所産である写真に写った情報も客観的だとする論理であり、この論理は、デジタル技術を用いて作成される表象においても連続しているのだが、実は写真以上にデジタル画像は、いかようにも操作できることを忘れてはならないと彼は忠告する。それは捏造という意味ではなく、どのような技術を利用するかも含めて様々な選択が人間によってなされるという意味である。彼は、人類学者のティム・インゴルド（Tim Ingold）の所論に示唆を受けつつ、「デジタルなモノを作成するプロセスは一種の成りゆくこと（becoming）である」と述べるが、その含意は「デジタルな形は、頭に思い浮かぶ原物の観念や、原物の精確なコピーにすぎないのではなく、製作される中で形を現してくるもの」だということである。この論文の主旨は、原物と3Dデジタル画像はマテリアルとデジタルの違い以外は全く同一のモノであるという思い込みを捨てて、前者の表象としての後者がどのように製作されるのかという点に注意を向けることが、デジタルなモノとの相互作用を稔り多いものとするために不可欠だというものである。モノの3Dイメージを作成する技法のなかで、考古学において現在もっとも普及している「フォトグラメトリー」（photogrammetry）では、大がかりな装置などなくても、被写体を様々な方向からカメラで撮影したデジタル画像さえあれば良いらしい。このように容易に使える技術が急速に普及する一方で、その技法のもつ意味について本質的な議論がなされないままであることの危うさに、ガルスキは警鐘を鳴らしているのである。

「人間とデジタルなモノの相互作用」がどのようなものかという問題について、遺跡で実際に遺物を手にしている考古学者と同様の相互作用が、ヴァーチャルなモノを相手に可能なのかという問いを提起しているのが、デイヴィド・カーシュ（David Kirsh）の「考古学器物の可触的探究と仮想的探究を比較する」という論文[44]である。そこでは、例えば石器というモノに触れて、それを作った人や使った人がそのモノに触れて感じていたことを知ることが、それがどのような手順で作られたのか、何に使われる道具であるのか等々を理解する上で不可欠であるのに、ヴァーチャルなモノを相手にした場合には、実物やマテリアルなレプリカを相手にしたときに可能な「触知性」(tactility)は、まだほとんど不可能であることが指摘されている。

この問題に照準した研究として、実物のモノ、そのヴァーチャルなレプリカとプリントされた(つまりマテリアルな)レプリカという三種類のものに対して、人々がどのように反応するか、理解するか、描写するかを調べた実験にもとづく、「古代器物をより良く知覚するための3D印刷と没入型視覚化[45]」というパオラ・ディ・ジウゼパントニオ・ディ・フランコ(Paola Di Giuseppantonio Di Franco)らの論文がある。この実験の背景には、3Dプリンターを使って器物を物理的に再現する技術が急速に進歩しているにもかかわらず、それが「過去を知覚するためにもつ価値」についての研究が遅れているという認識があった。この実験では、人間がモノと関わる三つのモードすなわち、①透明の展示ケース入ったモノを被験者が見る「視覚的吟味」(visual examination)、②被験者が没入型ステレオヴィジョン上に視覚化されたモノの3Dデジタルコピーと相互作用する「没入型の3D視覚化」(three-dimensional immersive visualization)、③被験者がレプリカに触れることができる「3D印刷されたレプリカとの相互作用」(three-dimensional printed replica interaction)が用意されていて、四種類のモノ(木製の仏具、擦り石、素焼きの壺、鏃)について、六〇人の被験者を使って実験が行われた。被験者には、前述の三種類のモードのいずれかを用いてモノとの相互作用を体験してもらった後に、そのモノの用途について口頭で説明してもらって、その説明内容と使用されたジェスチャーに関して三つのモードの間でどのような違いがあるか比較がなされた。さらに補足の実験として展覧会を催して、まず前述の②を体験してもらった後に、別室で①と③に加えてコンピューター画面に②を表示したものを用意し、そのうちから好みのモードを選んで体験してもらって、モードのそれぞれについての感想を問う質問紙に参加者に回答してもらった。

　この実験から得られた最も興味深い知見は、ケース内の本物を見て得られる感興は、他の二つのモードでは呼び覚ませないという予想に反して、被験者たちは、触ることのできない本物より、他の二つのモードで可能な「触知的あるいは半触知的体験」のほうを好み、モノの理解にも役立つと考えていたという事実である。つまり、考古学的な展示に関して言えば、ケースの中の本物をただ眺めること以上に、それが本物でなくても、そのモノの触感をはじめとする感覚を体験できることが望まれているらしいのである。

　本節の冒頭で提起した問いは、マテリアルなモノである実物をデジタルデータ（による複製）がどこまで代替できるのかという点と、マテリアルな実物では不可能だがデジタルな複製では可能なこととは何かという点だったが、以上に紹介した諸研究から明らかになったことをまとめておこう。第一に、マテリアルなモノのデジタルデータ化は、従来考えられなかったような量の情報の蓄積と保存を可能にするという点で、目的によっては実物を代替することも可能と言えるが、マテリアルなモノに含まれるすべての情報をデジタルデータ化することが不可能であることは銘記されねばならない。第二に、デジタルデータのプリント複製とヴァーチャルな複製は別物であり、前者は、全く同一のものを多数製作することができる点では従来の複製とは異なるが、触ることのできるモノであるという点では従来の複製と同じである。それに対して後者は、人間がそれを体験し相互作用する仕方の点で全く違う。第三に、ヴァーチャルな複製でのみ可能になるのは、さまざまな実験・操作・試行をその上で行うことができることである。つまり、実物で多種多様な修復を実際に試みることはきわめて難しいが、ヴァーチャルな複製であれば試行錯誤が容易である。例えば、「デジタル復元師」を名乗る小林泰三さんが『国宝よみがえる色彩』で実演してみせている試みは、従来であれば別に複製をつくることでしか試せなかったような大胆な修復を、「デジタル復元」という手法で、本物の国宝の美術品の画像の上に実現しており、これはまさにデジタルな複製を製作することによって可能になっている。

ヴァーチャルな復元品や複製品をまるで手品のように取り出して見せるだけでなく、同時に、それを作り出した「カラクリ」を公開し共有することの重要性を忘れてはならない。もしそれを怠るならば、自ら作り出した手品に騙されて、デジタル迷宮の中で道を見失うことになるかもしれない。デジタルデータ化によって急速にさまざまなことが可能になりつつある状況を前にして、徒に万能感に酔うのではなく、人間が新たに相互作用できるようになった対象がどのようなものなのかについて詳細に検討することと、そうした新技術による体験を手掛かりにしてマテリアルな体験とは何なのかについて再び検討することが、喫緊の課題になるだろうと思われる。そうした作業を経た後で初めて、デジタル時代におけるマテリアルな修復がどのようなものであるべきかについて、生産的な議論が可能になるのではないだろうか。

5　保存だけでなく展示のために

保存のための修復、展示のための修復

修復の目的が遺物の保存だけなのであれば、遺物を構成する物質の劣化をできるだけ遅らせる処置を施せば用が足りる。もちろん容易なことではないが、目的に曖昧さはない。しかし修復の目的は保存だけではない。別に法律にそのように書いてあるからというわけではないが、「文化財保護法」（令和三年六月一四日施行）の第一章第一条には、「この法律の目的」として「この法律は、文化財を保存し、且つ、その活用を図り、もつて国民の文化的向上に資するとともに、世界文化の進歩に貢献することを目的とする」と書かれている。となれば、埋蔵文化財という遺物の修復も、その「活用を図る」使命を帯びている。ここで言う「活用」の最もわかりやすいかたちが、公衆を対象としての文化財の「展示」であることは論を待たない。つまり保存とならんで、展示は修復の重要な目的であり、しかも、文化財保護法の対象となるような価値があるとされるモノほど、展示されることを想定して修復が行われる可能性も高まる。では展示という目的が想

定されていることは、修復にどのような影響を及ぼすのだろうか。

　新潟中越地震で被災した縄文土器を九州国立博物館の協力の下で修復したエピソードを思い出してほしい。そのときの修復方針は、来館者が「火焔型土器の素晴らしさを感じていただけるような修復」を基本に、「縄文土器の全体的な器形や文様の構成が一目でわかるよう、接合部分や欠損部分があることを来館者に感じさせないほどに、四千五百年前につくられた縄文土器の当時の姿を忠実に復元する」というものだった。さらにこの修復事業を「「保存」だけでなく「展示」という博物館固有の活動の一環と位置づける」という九博側の発言も記録されていた[46]。そこでは、作られた当時の姿を忠実に復元するという方針が、展示という博物館固有の活動と結びつけられている。博物館での展示のために、まるで完形で出土したかのような「きれいな修復」が望まれているのは、けっしてこの事例だけではないが、他の事例でもその理由は同様であろう。つまり、それが「土器の素晴らしさを感じていただけるような修復」だからであり、そこで言う「素晴らしさ」が時間を経て摩耗や破損する以前の新品が体現する価値であることは明らかである。

　では、完成時の姿を忠実に再現しているならば、たとえ複製でも「素晴らしさを感じていただける」のだろうか。完形のレプリカが、専門家以外には見わけがつかないような出来栄えで、本物の不在時には代役を務めていることは、既に《仮面の女神》の例でも見た通りなのであるが、どうも複製では「素晴らしさを感じて」いただけないと展示者側は考えているようなのである。だからこそ、例えば《縄文のビーナス》と《仮面の女神》を所蔵する尖石縄文考古館は、どちらであれ国宝土偶の本物が展示されていない期間には、そのことを律儀にホームページでお知らせしているのである。せっかく遠路はるばる訪れて本物を観るために入館料を払ってくれた来館者をがっかりさせないためである。

複製で代替できないとなると、そもそも博物館の展示を観に来る人々にとって、複製というモノはどのように位置付けられているのかという疑問が浮かぶ。ここで、あるエピソードを参照したい。三内丸山遺跡センターのツイッターで「御来館のお客様からよく頂く質問」として、「この大きな土器は、レプリカですよね?」という質問が紹介されている。「さんまるミュージアム」の展示ケース内に展示されている重要文化財の深鉢についての質問である。それに対して、「いえ、本物です。割れた状態で出土した本物の土器片を、組み上げて色付けをしています。足りない部分は石膏や樹脂などで埋めているので、正確には欠けている部分もあります」という回答が掲載されている(二〇二一・九・二八)。この回答は妥当なものだと思うが、修復や復元という言葉が使われていないのは、専門用語なので避けたという理由だけなのだろうか。実はそれよりも私が気になるのは、お客様が「レプリカですよね?」と質問した理由なのである。「よく頂く」のだから、多くの見学者が同じ質問をするのだろうし、それぞれ別の理由があるのだろう。大きいのに欠損部分がないようにみえるからなのか、あるいは本物にしてはきれいすぎるからなのか。それもあるだろうが、「これは本物に見えるけれども偽物ですよね」という確認が質問の真意である可能性が高いのではないかと思う。というのは、完形である、あるいは完形に近いことは見ればわかる。しかし本物であるかどうかは見てもわからないからである。つまり、この質問をする観客は、完形の展示品を観ることを望んでいるが、完形であればレプリカでも代替可とは思っていなくて、レプリカを本物と取り違えたくないのであろう。御本尊様を拝観するために来たのに、それと知らずにレプリカを拝んで帰ってしまうような、『徒然草』の仁和寺の法師もどきのヘマはしたくないのだ。このような要望に可能なかぎり応えようとすれば、できるだけ完形に見えるような「きれいな修復」を実物に施すことになるのは、当然の成り行きであろう。問題は、不完全な姿で展示されたのでは土器も土器製作者も残念だろうし、できるだけ完全な形のモノのほうが見学者にも「素晴らしさを感じていただける」はずだと考えて、全くの善意から「きれいな修復」を施してしまい、それが「やりすぎの修復」になってしまう可能性が非常に高いことなのである。

触《さわ》れない本物、触《さわ》れるレプリカ

しかし前節で紹介した実験での被験者の反応は、実物至上主義とは、少しばかり違っていた。見栄えのする本物に触れることが叶わないならば、ケースの中に入っていて触れることのできない本物を拝観するより、複製であっても、触れることによる相互作用を展示品に求めているということだった。「触れる展示」は、二〇二一年秋に国立民族学博物館で開催された特別展示『ユニバーサル・ミュージアム—さわる!〝触〟の大博覧会』のようなものを筆頭にして近年一般化しつつあるが、そうした趨勢の下で、ガラスの展示ケースの中の本物を眺めるという従来型の展示=鑑賞のモードは、急速に標準型としての地位を失っていくのではないかと思われる。では、そうした状況は、遺物の修復にどのような影響を与えていくのだろうか。容易に予想できるのは、触ることができる複製の出番が増えることと、見た目ばかりが重視されてきた複製に代えて「触知性の高い」つまり触ってわかる情報が多い複製の重要性が増すことである。ではそれに対して、やりすぎと思えるほど「きれいな修復」で復元した実物の位置づけはどうなるのだろうか。そこで前述の「レプリカですよね？」という問いが、改めて意味をもってくる。もしそれが「本物には到底見えないから、レプリカですよね？」という趣旨の問いだったとすれば、実物の本物らしさが素人目にも薄まってしまっていることを意味するだろう。つまり、きれいな完形を追い求めるような修復が、却ってモノの「真正性」を毀損してしまい、レプリカのように見えるということになりかけているのかもしれない。わかりやすい言い方をすれば、厚化粧や美容整形が生み出す逆効果というわけである。

「本物らしさ」ということに関連して、考古学者のホルトーフが紹介している興味深いエピソードがある。それは、ドイツ南部の田舎町の草原で一九八七年に発掘された青銅器時代初頭の高さ四・五mの「メンヒル」(menhir) つまり巨石記念物の話で、二年後に発見地点の近くにレプリカが建立され、本物はシュトゥットガルトの博物館にあると言われている。実は、展示するには重すぎる本物はその博物館の地下室にあるのだが、博物館の展示場に置かれた別のレプリカが本物だと思っている人も多く、現地のレプリカには平気で触っても、展示場のレプリカには見学者たちは手を触れないのだという。(47) この事例が興味深いのは、二つのレプリカのうち、現地ではなく博物館にある方が本物と間違われていることと、触れない限りレプリカだと見破られることがないという点である。この事例にかぎらず、普通の人は、見た目だけでは、本物を精巧なレプリカから区別することができないようだ。となれば、あるモノがレプリカと認識される理由は、本物が別にあるから、あるいは本物はもうないから、ということにすぎず、あるモノが本物と認識される理由は、それとは別の本物がないからということにすぎないのだろう。

「本物と勘違いされる」ということで思い浮かぶまた別の事例は、ユネスコの世界文化遺産として登録された「北海道・北東北の縄文遺跡群」の構成資産である北海道の北黄金《きたこがね》貝塚（伊達市）や高砂貝塚（洞爺湖町）で、貝塚が発掘された場所に再現されている「貝塚」である。これはホタテ貝など現代の貝殻を敷き詰めた複製なのだが、見学者が本物と思っている可能性は大いにある。貝塚にある貝塚のようなモノなのだから当然であろう。複製ではない展示方法のひとつは、北黄金貝塚の展示館にもある、貝層の断片を展示室に持ち込んだ「剝ぎ取り展示」である。あるいは、高砂貝塚の近くの入江貝塚（洞爺湖町）にあるような「断面展示」であり、ガラスで保護した切通しの展示施設で貝塚の断面を露出展示している。どちらも間違いなく実物だが、費用のことを考えれば、そう簡単に導入できる代替案ではない。

高砂貝塚（北海道洞爺湖町）の復元貝塚
（著者撮影）

　マテリアルな展示の場合、充実したものにするのには経費がかかるだけでなく、内容をヴァージョンアップするのも容易ではない。そこで救世主として登場するのが、見学者たちに貸し出すタブレットや、各自のスマートフォンで、遺跡公園の遺構や、展示施設内の遺物を前にして、モノや情景を復元した画像や解説情報などにアクセスできるようなシステムの導入である。もしこれを使って、展示されている修復された実物を前に、さまざまな復元像や、あるいは使用状態の想像図などを観ることができるようになったらどうだろうか。体験の幅がぐっと広がることは間違いない。但し、必ずしも良いことばかりとは限らない。現地に来て現物を目の前にしていながら、加工された二次情報にばかり目を奪われてしまう可能性は非常に大きいからである。

そうでなくても昨今は、博物館や資料館が以前は考えられなかったほど展示物の写真撮影に寛容になっていることもあって、撮影した写真をSNSに投稿することに熱心な人が増えて、莫大な量のデジタルデータが複製され拡散して、とどまるところを知らない。もはや流通しているのが実物の画像なのか複製の画像なのか見わけることすら難しい。それとともに展示＝閲覧スペースも、もはや現地の展示施設の敷地内に留まっていないで、ヴァーチャルに拡大膨張しているのであるが、それだけ規模が変化しても一貫して変わらないことが少なくともひとつある。それは、展示するからには「見栄えが大切」という価値観である。これは視覚に過剰に依存するヒトという生物が逃れられない性向なのだろうか。それとも現代の展示文化の特殊性にすぎず、縄文時代の人々は、現代人ほど土器の見栄えに拘っていなかったのだろうか。この点について考えようとするとき、修復されて展示されている遺物には、遮蔽物となって理解を妨げるのではなく、頼りになる助っ人として役立ってくれることを切に期待したいと思う。

6　修復は単品では完結しない

独立したオブジェの幻想

美術館に展示されている展示品は作品である。博物館に展示されている先史遺物も作品であることに変わりはないのだが、作者である個人が特定されていない点で大きく違う。しかし、モノを見ただけでは、それが芸術作品であるのか考古資料であるのかを判定することはできない。特定のモノがどちらに振り分けられるのかは、制度と言説という、そのモノに外在する要因に規定されるところが大きいからである。このことは修復には一見関係がないようだが、そうとも言えない。縄文土器にしても、それを「日本美術史」のなかに位置付けようとする立場からすれば、芸術作品としての完成度を高める方向で修復が施され、芸術作品に相応しい展示方法で展示されることになるからである。しかしここでは、その問題は少し脇に置いて、先史遺物を、それだけで独立した作品である一種のオブジェのように扱うことが、修復を思わぬ隘路へと迷い込ませることになってはいないかと問うてみたい。例えば縄文時代の土器や土偶を指して「優品」と称するような言回しが使われることがあるが、そこには明らかに遺物の「オブジェ化」が見て取れる。

それに対して、モノを孤立させずに他のモノと繋がり合っているネットワーク、つまり〈修復におけるモノのネットワーク〉として捉える考え方を提唱したいと思う。そうする理由は、ほんの少しの断片しか残っていなくても、欠損部分を補填して完形に仕上げるような「きれいな修復」への志向の背後に、モノに単体だけで完結した価値を見る「オブジェ化」を見て取ることができるからである。その代りに、修復の目標を、単品ではなく、複数のモノ（ヴァーチャルなモノも含めて）が補完し合うネットワークへと定位することはできないだろうか。「独立したオブジェの幻想」から解放されれば、修復ももっと自由を手に入れることができるかもしれない。

修復におけるモノのネットワークと未完の修復

本章でもいろいろな箇所で、ここにないモノが、実は修復において重要な意味をもつという場面に遭遇してきた。チャプマンの言う「意図的断片化」や、石原さんや堀江さんのアート作品における断片や欠損の例もそうであった。修復はときとして思いもかけないほど広い視野を要求する。ここで紹介したいのは、ブラジルアマゾンで四世紀から一四世紀くらいまで栄えた「マラジョアーラ文化」の遺物の話であり、出土品を蒐集していた現地の牧場主の死後にコレクションが切り売りされるなどして、ブラジル国内の数か所の博物館に分散していた六一三個の土器片を調査してみたら、その四〇%以上が再接合可能で、なかにはほぼ完形に復元できる例もあった[48]。「マラジョアーラ文化」の遺物は、ブラジル国内七か所、北米九か所、ヨーロッパ一一か所の博物館で所蔵が確認されており、入手経路が不明のものも少なくなく、同一遺跡の出土品が、それと知らずに複数の機関で収蔵されている可能性も大きい。つまりチャプマンの「意図的断片化」で言う同一のモノの断片が散在している広がりが、途轍もなく拡大した状況をここに見ることができる。もちろん断片が離散した理由は違うが、ここにない断片が別のところに散在しているという関係自体に変わりはない。

ここで見たような、同じモノの断片があちこちに分散している状態が、〈修復におけるモノのネットワーク〉の最も単純な類型であるとすれば、もっと複雑な類型としては、実物のほかに、マテリアルな復元や複製だけでなく、ヴァーチャルな復元や複製も含まれるようなネットワークが考えられる。例えば同一の遺物をめぐって、遺存する断片を用いて最小限の復元をした隙間だらけの復元品、欠損を最大限補填して遺存部分との判別ができない完形のヴァーチャルなレプリカ、完成時の完形の姿を復元したマテリアルなレプリカなどからなるネットワークを考えることができるだろう。こうしたネットワークは、いわゆる「モノのインターネット」(Internet of Things)と重なるかもしれないし、確かにインターネットで繋がることによって別の場所にあるモノ同士の相互参照が容易になることは間違いないが、ここで私の言う〈修復におけるモノのネットワーク〉にとってインターネットが不可欠というわけでは必ずしもない。目の前に並んでいるだけで、単体では不可能あるいは困難だったメッセージが〝合わせ技〟で発信されることになるからである。予想できるように、ネットワークをなすマテリアルなモノやヴァーチャルな「モノ」は、お互いに補完し合う関係にある。見栄えは完形のレプリカに、きれいな修復はデジタルに任せてということになれば、実物の修復は別の方向をめざすことも可能になる。本章で紹介した「海を渡った古伊万里」の例で言えば、破壊された陶磁器片はバラバラの状態のままで展示し、新品の完形の状態を再現したマテリアルなレプリカや、遺存している破片だけを使ったヴァーチャルな復元をそれと並べて展示することも可能になり、それらの対照が際立つと同時に、補い合って浮かび上がるメッセージもあるだろう。

マテリアルとデジタルの領域にまたがって形成されるこのような〈修復におけるモノのネットワーク〉という考え方がもたらす最大の利点は、修復しようとするモノを前にして、他の修復の仕方ではだめでこの修復の仕方だけが提供できる情報は何なのか、実物である断片だけが果たせる任務はどのようなものなのか等々、要するに、このモノの修復はどうあるべきなのかについて、じっくりと問うことが可能になることである。従来の修復は、個々のモノをあまりにも孤立させてしまい、単品で何もかもを実現しようとしすぎていたのではないだろうか。「独りぼっちじゃないんだ、まだ知らないだけなんだ」とは、テレビ人形劇『新八犬伝』のエンディングテーマ「夕焼けの空」の歌詞だが、八犬士のメンバー構成は変えようがないのに対して、〈修復におけるモノのネットワーク〉を構成するモノは、つぎつぎに新たに付け加えることができる。さまざまな修復の可能性のうちのどれか一つしか選べないというわけではないのである。つまり〈修復におけるモノのネットワーク〉というパースペクティヴの下では、修復はつねに未完で、開かれたものであることが可能になるのではないだろうか。

そのような〈修復におけるモノのネットワーク〉は、まだ充分に理論化されてはいないかもしれないが、実は、すでにあちこちで現実のものとなりつつある。つまり特定の遺物を核とするマテリアルなモノやヴァーチャルな「モノ」が相互に参照しあう関係を前景化する事例が、少しずつだが目に付き始めているように思われる。一例を挙げれば、二〇二一年初夏に十日町市博物館で開催された『形をうつす』展では、同館所蔵の国宝「火焔型土器」（指定番号1）の実物が、「しゃこちゃん」の愛称で有名な東京国立博物館所蔵の重要文化財「遮光器土偶」（亀ヶ岡石器時代遺跡出土）の実物と御対面したのだが、それと同時に、実物と並べて様々な縄文遺物の「三次元計測データ利用の複製品」や「型取り製作の複製品」が合わせて展示されたのである。そこでは実物と複製のコラボレーションが、バックステージの薄暗がりから引き出され、表舞台で照明を当てられている。もちろん複製には触れることもできた。つまり遺物を非常に多様なしかたで体験することが可能だったのである。同展の謳い文句にいう「触れることのできる国宝」は、展覧会の副題の「文化財資料の新たな活用」のまさに具体例と言うことができるだろう。しかし、それは同時に「文化財資料の新たな修復」の方向を示唆するものと考えることもできるのではないだろうか。

修復は工夫次第で、いままで以上に、出土した先史遺物と現代人のあいだの稔り豊かな対話を促す橋渡しをすることができるはずだと私は思う。しかしその実現のためには、修復家をはじめ学芸員や研究者の方々の創意工夫はもちろんのこと、博物館展示やワークショップで、あるいは書籍やインターネットで、先史遺物の実物や、マテリアルな復元やレプリカや、ヴァーチャルな復元やレプリカを見たり触れたりする皆さんの積極的な参加が不可欠になる。やや大袈裟な物言いをするならば、見巧者そして触巧者が増えることが、修復の新たな地平を拓くことにつながるのである。

〈註〉

（1）Holtorf 2002

（2）Chapman and Gaydarska 2007, p.2

（3）ibid., p.4

（4）北米先住民族ズニにおける「朽ち果てるべき木像」の事例（古谷二〇二〇、一三六―一三八頁）は、学術的には正当化される処置が製作者・使用者にとっての価値と衝突する、また別の事例である。

（5）九州国立博物館・新潟県津南町教育委員会（監修）二〇〇五

（6）同書、一〇頁

（7）同書、九四頁

（8）同書、九五頁

（9）東京藝術大学保存修復工芸研究室主催のオンライン講演会『文化財と戦争』（2020.10.31）におけるヴィレーナ・ピアッティさんの報告および大倉集古館・高橋裕次さんの報告

（10）「破壊と修復」『美術展ナビ』（https://artexhibition.jp/topics/news/20201113-AEJ319825/）最終アクセス二〇二〇年一一月二三日

（11）『出会いの造形Ⅱ』参照

（12）『チャオ！縄文』参照

（13）『ビバ！縄文』参照

（14）堀江二〇一八

（15）同書

(16)甲斐・金子二〇〇二、三六頁
(17)同書、五二頁
(18)田口二〇一五、一一二頁
(19)ブランディ二〇〇五、五〇頁
(20)同書、五〇頁
(21)同書、五〇頁
(22)同書、五一頁
(23)同書、五一頁
(24)同書、五一～五二頁
(25)同書、一〇九頁
(26)同書、七〇～七一頁
(27)同書、七七頁
(28)同書、七八頁
(29)同書、九二頁
(30)Burström 2013, p.311
(31)Barkan 1999, p.122
(32)ブランディ二〇〇五、七四頁
(33)石黒二〇一一a
(34)田口二〇一五、一八七頁
(35)守屋二〇一七、一三三頁
(36)詳細については(Blais and Rasic 2015; Greenwald 2016)を参照のこと。
(37)朝日新聞西部本社版、二〇一二・九・一〇朝刊
(38)古谷二〇一八

(39) Garstki 2019
(40) *Palmyra's Arch of Triumph recreated in London*, by Lauren Turner, BBC News (19 April 2016) (bbc.com/news/uk-36070721)
(41) Garstki 2018
(42) Galeazzi 2018
(43) Garstki 2019
(44) Kirsh 2010
(45) Di Giuseppantonio Di Franco et al. 2015
(46) 九州国立博物館・新潟県津南町教育委員会(監修)、二〇〇五
(47) Holtorf 2005, p.118
(48) Simas et al. 2019

〈文献〉

石黒浩　二〇一一a「アンドロイドの哲学」『科学哲学』44巻2号、一七～二八頁
石黒浩　二〇一一b『アンドロイドを造る』オーム社
甲斐美都里・金子しずか　二〇〇二　『古今東西―陶磁器の修理うけおいます』中央公論新社
北野珠子　二〇二一　「日本陶磁器コレクションの破壊と保全―国立セーヴル陶磁器美術館とピアッティ家の戦災コレクションから考える」『博物学研究』56巻8号、六～九頁
九州国立博物館・新潟県津南町教育委員会(監修)　二〇〇五　『よみがえる被災火焔型土器』クバプロ
小林泰三　二〇一〇　『国宝よみがえる色彩』双葉社
高橋裕次　二〇二〇　「戦災文化財を後世に伝える為の展覧会について」オンライン講演会『文化財と戦争』(東京藝術大学保存修復工芸研究室主催、二〇二〇年一〇月三一日)における報告資料

田口かおり　二〇一五　『保存修復の技法と思想』平凡社
ピアッティ、ヴィレーナ　二〇二〇　「ピアッティ家の陶磁器コレクションについて」オンライン講演会『文化財と戦争』(東京藝術大学保存修復工芸研究室主催、二〇二〇年一〇月三一日)における報告資料
ブランディ、チェーザレ　二〇〇五　『修復の理論』小佐野重利監訳、池上英洋・大竹秀美訳、三元社
古谷嘉章　二〇一八　「ブラジル国立博物館火災―失われた現在、過去、未来」『世界』914号、三三～三六頁
古谷嘉章　二〇二〇　『人類学的観察のすすめ―物質・モノ・世界』古小烏舎
堀江武史　二〇一八　『縄文遺物と現代美術―考古学から生まれるアート』府中工房
守屋昌文　二〇一七　『国宝土偶「仮面の女神」の復元』新泉社

Barkan, Leonard 1999. *Unearthing the Past: Archaeology and Aesthetics in the Making of Renaissance Culture*. Yale University Press.

Beresford, James M. 2016. The Caryatids in the New Acropolis Museum: Out of Sight, Out of Light, Out of Mind. *Journal of Conservation and Museum Studies*, 14(1):3, pp. 1-16.

Blais, Allison and Lynn Rasic 2015. *A Place of Remembrance: Official Book of the National September 11 Memorial*. Updated Edition, National Geographic.

Burström, Mats 2013. Fragments as something more: Archaeological experience and reflection. In Alfredo González Ruibal (ed) *Reclaiming Archaeology: Beyond the Tropes of Modernity*. Routledge, pp. 311-322.

Chapman, John 2000. *Fragmentation in Archaeology: People, places and broken objects in the prehistory of South Eastern Europe*. Routledge.

Chapman, John and Bisserka Gaydarska 2007. *Parts and Wholes: Fragmentation in Prehistoric Context*. Oxbow Books.

Di Giuseppantonio Di Franco, Paola, Carlo Camporesi, Fabrizio Galeazzi and Marcelo Kallmann. 2015. 3D Printing and Immersive Visualization for Improved Perception of Ancient Artifacts. *Presence: Teleoperators and Virtual Environments* 24 (3): 243–264.

Di Giuseppantonio Di Franco, Paola, Fabrizio Galeazzi, and Valentina Vassallo (eds) 2018. *Authenticity and cultural heritage in the age of 3D digital reproductions*. McDonald Institute

Galeazzi, Fabrizio 2018. 3-D Virtual Replicas and Simulations of the Past: "Real" or "Fake" Representations?, *Current Anthropology* 59(3):268-278.

Garstki, Kevin 2018. Representation versus Reproduction, Recording versus Interpretation. Comment on G. Galeazzi's 3-D Virtual Replicas and Simulations of the Past, *Current Anthropology* 59(3):280-281.

Garstki, Kevin 2019. Virtual Representation: the Production of 3D Digital Artifacts. *Journal of Archaeological Method and Theory* 24(3): 726-750.

Greenwald, Alice M. 2016. *No Day Shall Erase You: The Story of 9/11 as Told at the September 11 Museum*. Rizzoli Electa.

Holtorf, Cornelius 2002. Notes on the Life History of a Pot Sherd. *Journal of Material Culture* 7(1):49-71.

Holtorf, Cornelius 2005. *From Stonehenge to Las Vegas: Archaeology as Popular Culture*. Altamira.

Kirsh, David 2010. Comparing tangible and virtual exploration of archaeological objects. In Maurizio Forte (ed) *Cyber-Archaeology*, British Archaeological Reports Editors. pp.119-124.

Simas, Maria Santana, Cassia da Rosa, Cristiana Barretto and Helena Pinto Lima 2019. Cada instituição, um fragmento: problemática da dispersão da coleção arqueológica marajoara Dita Acatauassu (Amazônia, Brasil). *Conservar Património* 32:79-86.

〈図録〉

『出会いの造形II―古代飛ノ台とアート』(縄文コンテンポラリーアート展 in ふなばし２００８図録)船橋市飛ノ台史跡公園博物館、二〇〇八

『ビバ！ 縄文』(縄文国際コンテンポラリーアート展 in ふなばし２０１１図録)船橋市飛ノ台史跡公園博物館、二〇一一

『チャオ！ 縄文』（縄文国際コンテンポラリーアート展 in ふなばし２０１２図録）船橋市飛ノ台史跡公園博物館、二〇一二
『海を渡った古伊万里〜ウィーン、ロースドルフ城の悲劇』、株式会社キュレーターズ、二〇二〇

〈引用図版〉

https://en.wikipedia.org/wiki/Monumental_Arch_of_Palmyra#/media/File:Arc_de_Triomphe_de_Palmyre,_Genève_2019.jpg（二一二頁）

あとがき

船橋市飛ノ台史跡公園博物館では毎夏、「縄文コンテンポラリー展inふなばし」(二〇〇一年から二〇一三年までは「縄文コンテンポラリーアート展inふなばし」)という企画展が開催されている。私が本書の共著者である石原道知さん・堀江武史さんと知り合ったのは、その八回目にあたる二〇〇八年の『出会いの造形Ⅱ』という展覧会がきっかけだった。

私は二〇〇〇年頃から、現代社会における先史文化の活用という視点からブラジルアマゾンの先史土器の複製作りの調査を始め、徐々に視野をアマゾンから日本列島の縄文文化にまで広げ、現代アートと先史文化と考古学の関係についても考え始めていた。その私の目に留まったのが、『出会いの造形Ⅱ』展を報じた朝日新聞美術面(二〇〇八年九月三日)に掲載された記事だったのである。

その記事を読んで、縄文時代の貝塚に立地する考古学博物館を舞台に、縄文時代の文化や器物からインスピレーションを得て制作された現代アートの展覧会が行われていることを初めて知ったのだった。「これは観に行かねばいけない」と直感した私が福岡から飛ノ台に馳せ参じたことは言うまでもない。それ以来、新型コロナウイルスのせいで開催されなかった二〇二〇年を除けば、船橋市の飛ノ台貝塚にある博物館で開催される展覧会に毎夏通い続けて現在に至る。他のアーティストたちの作品や展覧会全体、そしてその変遷については、同展の図録にも何回か文章を掲載していただいたので、そちらに譲るとして、ここでは本書の前史としてのお二人との交流に話を絞ることにしたい。

石原さんの《土器を見ようキャンペーン２００８》は、市内の遺跡から出土した多数の土器片をひとつずつビニール袋に入れて木製のパネルに吊るした作品だった。私はこの展覧会を観る少し前に、日本文化人類学会の学会誌に「土器の生涯――土器片・レプリカ・触知性」という論文を発表していて、そこでは先史土器やその複製品というモノの「生涯」、つまり製作されてから土器片となって発掘され、そして考古遺物となって展示され、ときには複製品へと「転生」するまで、といった変化のプロセスについて論じていた。そうした「土器の生涯」に着目していた私にとって、出土した土器片が考古遺物となる局面に光をあてて、しかもそれがアートでありうることを示す試みとして、石原さんの作品はストレートに訴えてくる力があった。堀江さんの《縄の器》は、市内の高根木戸遺跡と海老ケ作貝塚から出土した土器をまねて麻縄を巻き上げて作った三つの器を展示した作品で、その縄は一階に置かれた器の口縁から垂直に上昇して三階の常設展示場にあるモデルとなった土器が入ったガラスケースの上面にまで届いていた。こちらは「縄文」という言葉を端緒として、粘土から麻縄へと素材を転換して作品を作ってみることによる「異化効果」を通して、先史土器が考古遺物として扱われている間は隠れている別の側面を見せてくれていた。それらは、他のアーティストの現代アートらしい作品の中にあって、いささか異彩を放っていたが、前述のようなことを考えていた私は、そこに「同志」を見出したのである。

展覧会を一通り見終えた私は、学芸員の栗原薫子さんにお会いして、展覧会の背景についてお聞かせいただいた。常設展示場にもアート作品の展示が可能だという実験性にも驚いたが、お二人の本業が土器の修復であることを知って、さらに興味が増した。アーティストが先史遺物からインスピレーションを得て作品を作るという例はそれまでにも見聞きしたことがあった。しかしそれとは逆に、日常的に先史遺物に触れている修復の専門家がアート作品を制作するという試みが目指すところは何なのだろうか。そこで栗原さんに御願いして、石原さんと堀江さんに私の論文などを渡していただいた。程なくして、お二人から、たくさんの資料とともに連帯の挨拶ともいえる返信が届いた。それ以来、調査という枠を超えて、メールによって、あるいは実際に会って、途切れることなくお付き合いいただいているのだが、本当にありがたいことだと思う。

そんな付き合いの中から、莫大な量の四方山話が生み出されたが、それ以外にも生まれたものがある。例えば二〇一七年に石原さんの会社で現代社会における縄文をめぐって三人で長時間にわたって話し合った大座談会をというものがあった。これは録音記録があって、実は石原さんの尽力でテープ起こしもしてみたのだが、伏字にしなければならない部分が多すぎて公開は控えることになった。さらに二〇一九年の十一月末、いまから思えば新型コロナウイルス感染症流行勃発の前夜、東京藝術大学キャンパスで『藝大で縄文の話をしよう――縄文と現代アートは関係ないと思っているあなたへ』というイベントを開催した。これは司会を務めた石原さんの呼びかけに応えて、考古学者の小林達雄さん、そして堀江さんと私がそれぞれ違った方向から問題提起をし、さらに八人の多士済々の「縄文アクティヴィスト」(?)が熱のこもった話題提供を行った前代未聞の催しだった。その年の暮れに『縄文ルネサンス―現代社会が発見する新しい縄文』なる本を平凡社から上梓した私としては、この集会はまさに縄文ルネサンスの狼煙《のろし》だったと思いたいところだが、その評価については後代の歴史家の判断を待つことにしよう。

話が前後するが二〇一九年の夏、上野のとある店で三人で会ったときに、共著で本を出そうという話が浮上した。その時点では具体的なテーマが絞られていたわけではなかったのだが、私のなかでは、縄文土器の修復という大抵の人にとっては未知の世界を紹介して、そこに文化人類学的観点から光を当ててみたいという漠然としたイメージがあった。その際に、文化財修復の現場の「社会科見学」的紹介はもちろん必要だろうが、それにとどめずに、先史土器の修復という営みから浮かび上がってくる、もっと射程の広い問題までカバーできたなら、考古学関係者だけではなく、さらに広い範囲の読者にアピールする本になるのではないかという目論見もあった。

出版プロジェクトが、ようやく具体性を帯び始めたのは二〇二一年の初めだった。その前年の暮に、私は『人類学的観察のすすめ――物質・モノ・世界』という本を上梓することができたのだが、その出版元である福岡市の古小烏舎の野村亮さんに、埋蔵文化財の修復をテーマとする出版のぼんやりとした構想をお聞かせすると、ありがたいことに興味をもってくださったのである。しかしそこから一直線に執筆そして出版という道を辿ったかというと、そうではない。それまで十年間にわたって色々話し合ってきていたので、本の題材になりそうなテーマはいろいろあったのだが、どこにテーマを絞るのかを決めるのは容易ではなかった。

一言で言えば、お二人は、文化財修復の仕事については、あまりにも日常的なことなので、それについて事改めて詳しく説明するよりも、遺物の修復を通じて縄文時代のモノ作り、ひいては縄文人の価値観や審美観について感じたことや考えたことについて書きたいという希望が強かったのだと思う。それに対して私は、まずは文化財修復という一般人の知らない世界を当事者の立場から描き出してほしいと願っており、しかも「縄文土器の修復を通して縄文について語る」よりも、それ以上に「縄文土器の修復を通して修復について語る」ことによって、修復という営みに潜んでいる多様な問題を炙り出したいと考えていた。

最終的には、どちらかと言えば私の構想の線に沿って全体を組み立てることになり、お二人には多少我慢してもらうことになってしまったので、ここで罪滅ぼしの意味もこめて、簡単に本書の背骨とも言うべき「修復という営みをめぐる問題」について補足説明しておきたいと思う。

遠い昔である縄文時代について理解するためには文字資料は頼りにできない。そこで、当時作られ使われていた多種多様なモノのうち、現存しているものを手掛かりに当時の生活を推測するしかないが、一万五〇〇〇年以上前から約三〇〇〇年前まで続いた縄文時代のモノの大半は土の中に埋まっており、発掘によって、あるいは偶然に現代の世界に姿を現す。それが堅牢なタイムカプセルに収納されていて材質の劣化や経年変化を完全にシャットアウトできているなら問題はないが、現実には、長年の使用によってすり減ったり傷ついたりしているものも多く、それに加えて、土圧や災害など自然現象の影響によって壊れたり変質したりしているだけでなく、耕作や土木工事など後世の人間の営みによっても変化を被っている。さらに厄介なことには、それらのモノのなかには、周到に特定のやり方で土に埋納されたものや、意図的に壊されたものや、ポンペイさながらに予期せぬ事故によって埋まってしまったものもある。その他に、何十年何百年も前に既に出土していて、現代まで娑婆で生き延びてきたものもある。さて、このように多彩な「経験」を経て現代の私たちの目の前に姿を現したモノを、どのように受け継ぐことができるのか。これは実は思ったより厄介な問題なのである。

まず地下の状況とは大きく異なる外気に晒されたモノが、急速に劣化・変質・解体してしまうのを防ぐ「救命」的措置が待ったなしで必要になる。一命をとりとめたら次には、考古学研究の対象として使用できる考古遺物へと変換するために安定した形を与える必要がある。この辺りまでの作業は医療に似ている。さらに博物館などでの展示のために、そのモノで何を伝えるのかに配慮しつつ一定の形姿を整えることになるが、それはそのモノに現代社会における新たなアイデンティティを与えることを意味し、そしてそれは一般の人々のそのモノに対する印象を規定し、そのモノの理解に大きく影響することになる。こちらのほうは医療より美容に似ているかもしれない。

以上のようなプロセスの全体が「先史遺物など埋蔵文化財の修復」と呼ばれるものであるが、最終的に展示されている姿しか知らない部外者には、そのプロセスはブラックボックスである。それを一般の人々にも公開して、それをめぐって風通しの良い議論を可能にしたい。そうすれば、考古遺物のような昔のモノがもっと身近に、もっと興味深いモノになるのではないだろうか。本書が、そうした試みの第一歩になってほしいと私たち三人は切に願っている。

本書は、門外漢である私に文化財修復をめぐるさまざまなことを教えてくれ、まさに現場の専門家でなければ書けない原稿を寄せてくれた石原さんと堀江さんの御厚情の賜物である。そして、出版をめぐる厳しい状況の下で、どれだけの読者がいるのかわからないテーマに関心をもってくださった古小烏舎の野村亮さんには、深く感謝申し上げたい。

最後になるが、本書に結実している私の調査研究は、日本学術振興会の科学研究費補助金の助成を得て可能になったものであることを付記しておきたい。

【「基盤研究(C)現代アートを用いての先史文化理解と先史文化を用いての現代アート制作の人類学的研究」(二〇一三年度～二〇一六年度、課題番号JP25370944)、「基盤研究(C)縄文文化の現代的利用におけるローカリティとナショナリティの節合様態の人類学的研究」(二〇一七年度～二〇二一年度、課題番号JP17K03287)、「基盤研究(C)〈縄文ルネサンス〉におけるモノ(複製品／アート／商品)の製作と活用の人類学的研究」(二〇二二年度～二〇二六年度、課題番号JP22K01077)】

二〇二三年六月

著者を代表して　古谷嘉章

【著者略歴】

古谷嘉章（ふるや・よしあき）【序章、第三章、あとがき】

1956年、東京都生まれ。東京大学大学院社会学研究科博士課程単位取得退学。博士（学術）。九州大学名誉教授・特任研究者。文化人類学（主たるフィールドはブラジル）。著書に、『異種混淆の近代と人類学―ラテンアメリカのコンタクトゾーンから』（人文書院、2001）、『憑依と語り―アフロアマゾニアン宗教の憑依文化』（九州大学出版会、2003）、『縄文ルネサンス―現代社会が発見する新しい縄文』（平凡社、2019）、『人類学的観察のすすめ―物質・モノ・世界』（古小烏舎、2020）、『「物質性」の人類学―世界は物質の流れの中にある』（同成社、2017、共編著）。

石原道知（いしはら・みちとも）【第一章】

1965年、熊本県生まれ。武蔵野美術短期大学卒業。考古資料の修復・複製の会社で勤務後、武蔵野文化財修復研究所を設立。東京藝術大学の非常勤講師として材料技術論、埋蔵文化財土器修復を担当。重要文化財、東山遺跡出土瓦塔瓦堂、道訓前遺跡出土縄文土器、上福岡貝塚出土土器修復。文化財保存修復学会、日本文化財科学会、日本陶磁芸術教育学会、特定非営利活動法人文化財保存支援機構会員。縄文コンテンポラリーアート展（船橋市飛ノ台史跡公園博物館）参加。

堀江武史（ほりえ・たけし）【第二章】

1967年、東京都生まれ。國學院大學文学部史学科卒業。現在、文化財修復・複製、縄文遺物と現代美術の展示などを手掛ける府中工房主宰。主な共著、編著に『ひとが優しい博物館―ユニバーサル・ミュージアムの新展開』（共著、青弓社、2016）、『総覧 縄文土器』（共著、アム・プロモーション、2008）、『縄文遺物と現代美術 考古学から生まれるアート』（編著、府中工房、2018）他。

縄文の断片《かけら》から見えてくる

——修復家と人類学者が探る修復の迷宮

2023年8月30日　第1刷発行

著　者　古谷嘉章
　　　　石原道知
　　　　堀江武史

発行者　野村亮

発行所　古小鳥舎
〒810-0022 福岡県福岡市中央区薬院 4-8-28-205
電話 092-707-1855　FAX 092-707-1875

印刷製本　株式会社シナノパブリッシングプレス

ISBN 978-4-910036-04-5　C0039

古小烏舎の本

人類学的観察のすすめ
《物質・モノ・世界》

古谷嘉章

私たちが生きている世界は、
退屈な、わかりきった世界なんかではない！

当たり前すぎて気づかない、ふつうは考えもしない見慣れた世界について、思い込みをなくし、いつもとはちょっと違う見方で観察の目を注いでみると、思いもかけない驚きに満ちた未知の世界が露わになる。幸いにもこの世界は、まだまだ知らないことばかり！
人類学者による「観察＋考察」のエクササイズ73

定価　2000円+税
46判・並製・256頁
ISBN 978-4-910036-01-4

日本捕鯨史【概説】

〈2刷〉

中園成生

先入観や思い込みを見直し、
まず「捕鯨とは何か」を知ることからはじめる

捕鯨が話題になる度に「日本には歴史と伝統がある」といわれるが、その実態を果たしてどのくらいの人が理解しているだろうか。自然と共生しながら食文化や信仰など独特の展開をみせた日本独自の「古式捕鯨」から、乱獲を招いた「近代捕鯨」そして「管理捕鯨」へ。縄文から現代まで、時代の変遷をたどり歴史から日本人と鯨のかかわりを今一度見つめ直す。

定価　1900円+税
46判・並製・224頁
ISBN 978-4-910036-00-7

古小烏舎の本

都市のルネサンス

《イタリア社会の底力》

陣内秀信

都市は変化する。しかしその核心は受け継がれる。
都市が醸し出す魅力を読み解き「再生」に活かす。

都市組織（tessuto urbano）、建築類型学（tipologia edilizia）を駆使し、ヴェネツィアを鮮やかに読み解く。都市のもつ豊かな歴史や個性、構造・骨格を活かし、人を主役に蘇らせるイタリアの「都市再生」。その思想と実践を紹介した記念碑的名著。「都市を読む」ここに始まる。

定価　2000円+税
46判・並製・256頁
ISBN 978-4-910036-02-1

トスカーナ・オルチャ渓谷のテリトーリオ

《都市と田園の風景を読む》

植田曉　陣内秀信　M・ダリオ・パオルッチ　樋渡彩

それは、21世紀らしい美の誕生。

イタリア・トスカーナ、オルチャ渓谷の田園風景。都市と田園が織りなす、人間と自然とが作り上げた「ありきたりの風景」は、二〇〇四年、傑出した文化的景観として世界遺産に登録された。この屈指の空間の成り立ちを、自然、産業、建造物、道のネットワーク、歴史や文化、再生事例など様々要素から読み解き、テリトーリオが育んできたアイデンティティを描き出す。

定価　4500円+税
A5判・上製・480頁
ISBN 978-4-910036-03-8